CAHIER D'ACTIVITÉS

ODYSSÉE
MÉTHODE DE FRANÇAIS **C1-C2**

CAHIER D'ACTIVITÉS

Amélie Brito, Émilie Bucher

Les documents audios sont accessibles
sur l'espace digital **odyssee.cle-international.com**
ou avec le **QR Code** ci-dessous.

Crédits photographiques (de gauche à droite et de haut en bas) :

p. 6 : NLshop/Adobe Stock – **p. 8 :** VideoFlow/Adobe Stock – **p. 14 :** Artenex/Adobe Stock – **p. 18 :** artjafara/Adobe Stock – **p. 25 :** Ameer/Adobe Stock – **p. 34 :** Kalawin/Adobe Stock – **p. 37 :** Friedberg/Adobe Stock – **p. 38 :** Timo Darco/Adobe Stock – **p. 46 :** patiwat/Adobe Stock – **p. 49 :** Service d'information du Gouvernement (SIG) – **p. 56 :** priyanka/Adobe Stock – **p. 63 :** tippapatt/Adobe Stock – **p. 66 :** New Africa/Adobe Stock – **p. 77 :** belyay/Adobe Stock – **p. 79 :** Spatzenballet/Adobe Stock – **p. 80 :** dimazel/Adobe Stock – **p. 84 :** Philipimage/Adobe Stock – **p. 86 :** Faiyaz/Adobe Stock – **p. 88 :** Destina/Adobe Stock – **p. 89 :** Monkey Business/Adobe Stock – **p. 94 :** Mukhlesur/Adobe Stock – **p. 98 :** Jonathan/Adobe Stock – **p. 103 :** 01559kip/Adobe Stock – Miss Book, www.youtube.com/@MissBook – Centre national du livre, Ipsos – **p. 104 :** Misutra/Adobe Stock – **p. 114 :** Corinna Gissemann/Adobe Stock – **p. 117 :** *Le Cas Lagaffe*, Gaston Lagaffe n° 9, Franquin, @ Dupuis – **p. 122 :** Labo Société Numérique

Direction éditoriale : Béatrice Rego
Marketing : Thierry Lucas
Édition : Aurore Baltasar
Mise en page : Isabelle Vacher
Enregistrements audio : Studio Anatole

© CLE INTERNATIONAL, SEJER, 2024
ISBN : 978-2-0903-5616-8

Sommaire

UNITÉ 1 — Les médias et l'actualité — P. 4

UNITÉ 2 — Les tendances et les questions de société — P. 14

UNITÉ 3 — La politique et les valeurs sociétales — P. 24

UNITÉ 4 — L'environnement — P. 34

UNITÉ 5 — Les progrès scientifiques — P. 44

UNITÉ 6 — L'économie et le travail : pour le meilleur ou pour le pire ? — P. 54

UNITÉ 7 — La justice et le droit — P. 64

UNITÉ 8 — L'histoire — P. 74

UNITÉ 9 — Les arts vivants — P. 84

UNITÉ 10 — La littérature — P. 94

UNITÉ 11 — Les arts visuels — P. 104

UNITÉ 12 — Quiproquos — P. 112

UNITÉ 1 — Les médias et l'actualité

LEÇON 1 · Bouleversements dans les médias

VOCABULAIRE

1 Reliez chaque mot à sa définition.
- a. Un(e) lanceur/euse d'alerte
- b. Un(e) chroniqueur/euse
- c. Un(e) caricaturiste
- d. Un(e) preneur/euse de son
- e. Un(e) cadreur/euse

1. C'est la personne qui s'occupe de la partie sonore d'un tournage.
2. C'est une personne qui révèle des informations sensibles au grand public.
3. C'est la personne qui a la charge de la caméra lors d'un tournage.
4. C'est un(e) artiste qui dessine des personnes ou une situation de manière exagérée et comique.
5. C'est une personne qui travaille pour les médias. Elle traite un sujet d'actualité en exposant son point de vue personnel de manière souvent humoristique ou impertinente.

2 Complétez les phrases avec les mots suivants. Faites les accords si besoin.
démenti – critique – consulté – investigation – incontournable

a. J'ai .... le site du journal *Le Monde* pour suivre en direct les événements d'aujourd'hui.
b. Rémy Voisine est devenu le journaliste .... de la scène média numérique. On le voit partout sur les réseaux sociaux.
c. À la suite des accusations de fraude qui ont été divulguées hier, Elton Muckenberg a fait parvenir à la presse un .... qui a été immédiatement publié par tous les médias.
d. L'équipe a enquêté durant trois ans en lien avec des rédactions de journaux du monde entier. Ce travail d'.................. a permis de révéler l'affaire des Panama Papers.
e. Pauline Tiret a dû faire face à des .... virulentes à la sortie de son film.

GRAMMAIRE

3 Conjuguez les verbes entre parenthèses au plus-que-parfait.

a. Le gouvernement .... (*bloquer*) la publication de ces documents pour éviter un scandale.
b. Vous .... (*souscrire*) à un abonnement en ligne pour pouvoir financer ce journal.
c. Ils .... (*écrire*) cet article mais il a été refusé par la rédaction.
d. Il .... (*se remettre*) en cause après avoir découvert que ce témoin l'.................. (*berner*).
e. J'.................. (*convaincre*) ce lanceur d'alerte de donner une interview à notre site.

COMPRÉHENSION ORALE

4 🔊 01 Écoutez et répondez aux questions.
a. Décrivez le média Konbini.

b. D'après Marie Misset, les jeunes ont des pratiques médiatiques …
   1. identiques à celles de leurs aînés. ☐
   2. similaires à celles de leurs aînés. ☐
   3. autres que celles de leurs aînés. ☐

c. D'après Marie Misset, les jeunes sont intéressés par les sujets …
   1. sociétaux. ☐   2. sportifs. ☐   3. sur la publicité. ☐

d. En tant que média leader du marché des jeunes, quelle est la responsabilité de Konbini ?
....
....

e. Konbini propose …
   1. des grands reportages et des documentaires. ☐
   2. des vidéos courtes et des reportages. ☐
   3. des films et des vidéos. ☐

COMPRÉHENSION ÉCRITE

5 Lisez le texte et répondez aux questions.

Les nouveaux médias remplacent-ils les médias traditionnels ?

Dans ce paysage médiatique, de nouvelles figures font leur apparition. HugoDécrypte, de son vrai nom Hugo Travers, est désormais une marque à part entière.

En 2015, il crée sa chaîne YouTube HugoDécrypte ayant pour vocation de rendre l'actualité plus accessible auprès d'un jeune public. Aujourd'hui, son contenu est disponible sur divers canaux : on peut notamment le retrouver sur les réseaux sociaux Snapchat, Instagram, TikTok ou encore X (anciennement Twitter).

Chaque jour sur une base de réseaux sociaux (Instagram, TikTok, X), HugoDécrypte présente des faits d'actualité brièvement en format vidéo. Un format qui semble parfaitement apprécié et adapté aux besoins de ses lecteurs comme en témoignent les plus de 85 000 likes quotidiens sur ses posts.

À l'image de certaines chaînes de télévision ou de journaux, il a également divisé la diffusion de son contenu en plusieurs « marques » cumulant plus de 3 millions d'abonnés sur Instagram (hugodecrypte.sport pour l'actualité sportive, hugodecrypte.pop pour la culture et hugodecrypte pour l'actualité nationale et internationale) afin de mieux cibler son audience.

Sa proximité avec la jeunesse lui a également permis d'interviewer plusieurs personnalités politiques, dont Emmanuel Macron. Jamais un président de la République n'était passé par des médias non traditionnels pour communiquer. Cela témoigne de la puissance de ces nouveaux médias, également de celle d'Hugo Travers qui avait commencé sa chaîne dans sa chambre il y a quelques années seulement.

Jeffrey Seraline, *explorers.mc2i*, 27/01/2023

a. HugoDécrypte a pour mission de rendre l'actualité …
   1. plus rentable pour les jeunes. ☐
   2. plus politique pour les jeunes. ☐
   3. plus abordable pour les jeunes. ☐

b. Sous quel format HugoDécrypte expose l'actualité ?
....

c. Qu'est-ce que HugoDécrypte a créé pour son public ?
....

d. HugoDécrypte a pu interviewer un président de la République grâce à …
   1. son lien avec un public jeune. ☐
   2. ses formats vidéo. ☐
   3. son contenu en plusieurs marques. ☐

e. L'interview du président de la République prouve que les nouveaux médias sont …
   1. éloquents. ☐   2. dominants. ☐   3. influents. ☐

PRODUCTION ORALE

6 Et vous ? Comment vous informez-vous ? Quel est votre média préféré et pourquoi ? Donnez votre opinion et proposez deux arguments pour expliquer le support de média que vous préférez.

UNITÉ 1
LEÇON 2 • Quand les nouveaux médias riment avec fausses informations

VOCABULAIRE

1 Reliez les mots à leur contraire.

a. Crédible(s)
b. La méfiance
c. Vérifiable(s)
d. Nuire
e. Véridique(s)

1. Servir
2. Invraisemblable(s)
3. Improuvable(s)
4. Mensonger(s)/ère(s)
5. La confiance

GRAMMAIRE

2 Soulignez la bonne conjugaison.

a. Le propriétaire de ce réseau social a annoncé que son entreprise **sera / serait** le premier média pour les 15-25 ans d'ici 2025.

b. Dans son interview accordée à France 2 cet été, la Première ministre a affirmé que les Français **étaient / sont** prêts à fournir des efforts pour l'économie de leur pays.

c. Lors de ce reportage, les journalistes ont admis que leurs sources **venaient / sont venues** d'un membre du gouvernement.

d. La rédaction a annoncé qu'elle **se met / se mettait** en grève pour contester la nouvelle direction du journal.

e. Nous n'avons jamais dit que les médias **ont influencé / avaient influencé** notre enquête.

3 Transformez les phrases suivantes au passé.

a. La directrice de ce média affirme que le nouveau format sortira cet été.

→ La directrice de ce média a affirmé que ....

b. Il annonce durant son témoignage qu'il ne pouvait pas être l'instigateur de ce scandale.

→ Il a annoncé durant son témoignage qu' ....

c. Le journal *Le Monde* déclare que tous ses journalistes vérifient leurs sources.

→ Le journal *Le Monde* a déclaré que ....

d. Je vous dis qu'elle va d'abord vérifier la véracité de cette information avant de la publier.

→ Je vous ai dit qu' ....

e. Les 15-25 ans admettent qu'ils ne lisent plus la presse mais préfèrent regarder des vidéos pour s'informer.

→ Les 15-25 ont admis qu' ....

COMPRÉHENSION ORALE

4 🔊 02 Écoutez et répondez aux questions.

a. Quel est l'objectif de cette émission de radio ?
  1. Contredire certaines informations. ☐
  2. Vérifier certaines informations. ☐
  3. Souscrire à certaines informations. ☐

b. Quelle est l'affirmation de Cécile Duflot, la directrice d'Oxfam ?

....
....

c. Qui est Bernard Arnault ?
1. Le directeur d'Oxfam. ☐
2. Le directeur de France Info. ☐
3. Le directeur de LVMH. ☐

d. La déclaration de Cécile Duflot permet de constater ...
1. la fortune moyenne d'un Français. ☐
2. la chance des gagnants du Loto. ☐
3. la grandeur de la fortune de Bernard Arnault. ☐

e. L'affirmation de Cécile Duflot est-elle vraie ou fausse ?
....

COMPRÉHENSION ÉCRITE

5 Lisez le texte et répondez aux questions.

L'Inserm lance sa nouvelle campagne contre les « fake news » en santé

L'objectif ? Sensibiliser chacun et chacune sur les risques pour la santé associés aux fausses informations et attirer l'attention sur l'importance de se tourner vers des sources scientifiques rigoureuses pour s'informer.

Les « solutions miracles » que l'on peut trouver en vente sur Internet ne sont pas toujours sans danger pour la santé des consommateurs. Par le biais de cette campagne insolite, l'Inserm souhaite sensibiliser chacun et rappeler le travail des chercheuses et des chercheurs qui œuvrent pour fournir aux citoyens une information scientifique rigoureuse sur des sujets proches de leur quotidien.

Cette campagne s'inscrit dans la lignée de l'engagement de l'Inserm contre les fausses informations qui s'est concrétisé dès 2018 par la création de sa série Canal Détox, des vidéos scientifiques pédagogiques qui visent à établir une information scientifique fiable à propos de sujets de santé qui préoccupent les citoyens.

« Tandis que les chiffres nous alertent sur la baisse de confiance accordée par les Français à la science, le phénomène des fausses informations en santé ne cesse de prendre de l'ampleur sur les réseaux sociaux et devient un véritable fléau. Face à ce double constat, l'Inserm est désireux de mettre à disposition de tous les citoyens une information scientifique fiable et transparente. Cette nouvelle campagne est un levier supplémentaire pour renforcer encore la perception de l'utilité de notre recherche au service du progrès médical et de la société », indique le Pr. Didier Samuel, président-directeur général de l'Inserm.

Salle de presse de l'Inserm, 24/10/2023

a. Cette note de presse concerne les fausses informations qui circulent sur ...
1. la santé. ☐
2. les cosmétiques. ☐
3. la vente sur Internet. ☐

b. Il faudrait se tourner vers des sources scientifiques ...
1. dures. ☐
2. suspectes. ☐
3. fiables. ☐

c. Quel type de produits vendus sur Internet sont la cible de cette campagne ?
....

d. La série Canal Détox propose pour informer le public ...
1. des preuves scientifiques. ☐
2. des vidéos explicatives. ☐
3. des articles scientifiques. ☐

e. Quel est le double constat du Pr. Didier Samuel concernant les fausses informations ?
....
....

PRODUCTION ÉCRITE

6 Vous découvrez que le quotidien *Le Français* a publié une *fake news* : la démission du Premier ministre. Vous écrivez un e-mail au directeur de la rédaction, Monsieur Trompet, pour exprimer votre étonnement face à cette situation. Vous lui ferez part de votre mécontentement en lui rappelant la responsabilité des médias et de l'incidence des *fake news* sur la vie des lecteurs.

UNITÉ 1

LEÇON 3 • Les nouveaux médias : entre exclusions et opportunités

Vocabulaire

1 Reliez chaque expression à sa définition.

a. L'exclusion numérique
b. L'isolement social
c. La santé mentale
d. Un facteur démographique
e. Un lien de causalité

1. C'est un état psychologique qui nous permet de bien vivre.
2. C'est un indicateur qui permet d'évaluer les mouvements migratoires.
3. C'est le phénomène qui exprime les inégalités qui existent face à l'accès aux technologies et à Internet.
4. C'est la relation qui unit la cause à l'effet.
5. C'est la situation dans laquelle se trouve une personne qui est en marge de la société.

Grammaire

2 Soulignez le bon accord de ces participes passés.

a. Les médias qu'elle a **lu / lus** n'étaient pas assez spécialisés pour sa thèse.
b. Les sites qu'il a **pu / pus** consulter n'ont pas suffi à le renseigner.
c. Ils se sont **interrogé / interrogés** sur la légitimité de ce témoignage.
d. Ils ont **fait / faits** venir des formateurs pour former les séniors au numérique.
e. Ce sont les informations que nous avons **cru / crues** entendre à ce sujet.

3 Accordez les participes passés quand c'est nécessaire.

a. Ce sont les tribus qui ont communiqué......... via ce nouveau réseau social pour lutter pour la sauvegarde de leur environnement.
b. Les éléments qu'il a fallu......... prendre en compte étaient nombreux.
c. Les notifications qu'elle a reçu......... venaient d'un site d'informations.
d. Ce sont les facteurs qu'ils ont dû......... prendre en compte dans leurs statistiques.
e. Ils se sont envoyé......... un e-mail pour la première fois de leur vie à 90 ans.

Compréhension orale

4 🔊 03 Écoutez et répondez aux questions.

a. Le sujet de cette émission de radio est ...
   1. l'essor des *fake news*. ☐
   2. la fatigue et la santé mentale. ☐
   3. la surabondance d'informations. ☐

b. Benoît Raphaël compare l'information à ...
   1. l'alimentation. ☐ 2. l'éducation. ☐ 3. la domination. ☐

c. Qu'est-ce qui a permis de gagner 17 ans de temps libre à chaque être humain depuis le XIXe siècle ?
   1. Les réseaux sociaux. ☐
   2. Les médias. ☐
   3. La technologie. ☐

d. Pour Benoît Raphaël, la surabondance d'informations produit sur l'être humain ...
   1. une indigestion. ☐
   2. une fatigue cognitive. ☐
   3. du temps libre. ☐

e. Les médias doivent avertir leur public de ...
   1. diversifier leur alimentation. ☐
   2. varier ses activités. ☐
   3. s'informer le soir. ☐

COMPRÉHENSION ÉCRITE

5 Lisez le texte et répondez aux questions.

« Les rencontres du Papotin » : l'émission de France 2 où les intervieweurs ont un trouble du spectre de l'autisme

« Pourquoi t'es vieux ? », « Est-ce que vous pensez beaucoup à votre père ? », « Est-ce que vous aimez le cassoulet ? », « Quel est votre rapport au dessin animé ? » C'est le genre de questions, parfois surprenantes, auxquelles Gilles Lellouche répondra samedi dans *Les rencontres du Papotin*. L'acteur et réalisateur inaugure cette émission de France 2 qui verra, chaque semaine, à 20 h 35, une personnalité être interviewée pendant une demi-heure par une cinquantaine de journalistes ayant un trouble du spectre de l'autisme.

« Toutes les questions sont bonnes à poser »
« La parole est libre. On débat, on partage autour des textes qu'ils écrivent, certains chantent ou imitent des chroniqueurs de télévision », explique Julien Bancilhon, qui ôte sa casquette de psychologue pour revêtir celle de rédacteur en chef lorsqu'il est au *Papotin*. « Parfois, nous recevons un invité et la conférence devient une séance d'interview. » « Toutes les questions sont bonnes à poser », ajoute-t-il. « Ce qui nous importe, surtout, c'est que ce ne soit pas mécanique, mais plutôt que les journalistes saisissent les affinités entre leurs préoccupations et la biographie de l'invité ou son univers. Cela crée des questions beaucoup plus spontanées, qui ont une force et une fraîcheur plus intéressantes. »

Loin des caricatures
Le résultat est en effet loin de l'interview promo balisée, jalonnée de questions prévisibles. L'invité est parfois désarçonné, amusé, attendri et ses réponses impossibles à truffer d'éléments de langage. Il se confie différemment. « Je me souviens d'une interview, il y a quelques années, de Vincent Cassel qui est assez froid, généralement, en entretien. Avec l'équipe du *Papotin*, il a été d'une légèreté et d'une spontanéité complètement inhabituelles pour lui », se remémore le rédacteur en chef. « Face à ces journalistes atypiques, on sent qu'il n'y a pas de recherche de scoop. La sincérité de la question appelle une réponse en miroir au niveau de l'authenticité. » Si la personnalité conviée peut ainsi y gagner à se révéler sous un nouveau jour, cela vaut aussi pour leurs interlocuteurs. « C'est l'occasion de montrer ces jeunes gens dans une posture inhabituelle, où on ne les attend pas. Très souvent, ils sont caricaturés, notamment dans les séries ou les films », déplore Julien Bancilhon. « Là, on les voit tels qu'ils sont, dans leur diversité et dans leur exercice du journalisme qu'ils accomplissent de façon originale. Et puis ils sont pris au sérieux. Ils comprennent que leurs préoccupations peuvent résonner avec n'importe qui et intéresser des lecteurs et des téléspectateurs. »

Fabien Randanne, *20 Minutes*, 03/09/2022

a. Quelle est la particularité de l'émission *Les rencontres du Papotin* ?
....
....

b. *Les rencontres du Papotin* retranscrivent les codes des interviews traditionnelles. Vrai ou faux ?
....
....

c. Les invités doivent …
   1. désarçonner les journalistes. ☐
   2. simplifier leurs éléments de langage. ☐
   3. être émus lors de l'interview. ☐

d. Vincent Cassel a été lors de cette interview …
   1. plus froid. ☐
   2. plus atypique. ☐
   3. plus sincère. ☐

e. Quelle image de ses journalistes apporte cette émission ?
....

PRODUCTION ÉCRITE

6 🔊 03 Réécoutez l'émission de radio de l'exercice 4. Identifiez les informations clés et faites un petit résumé des idées principales de Benoît Raphaël en quelques phrases.

Les médias et l'actualité • Unité 1   9

ENTRAÎNEMENT AU DALF C1

COMPRÉHENSION ORALE

Écoutez les documents sonores et répondez aux questions, dans les conditions du DALF :
- Prenez 50 secondes pour lire les questions.
- Puis, écoutez l'enregistrement une seule fois.
- Prenez 50 secondes pour répondre aux questions.

> **Conseils**
> - Lisez bien les questions avant d'écouter l'enregistrement ! Cela vous permettra d'identifier le thème de l'enregistrement, d'en repérer les mots-clés, de concentrer votre écoute sur les points soulevés par les questions. Votre compréhension en sera améliorée, car elle possédera un objectif : répondre aux questions !
> - Les questions sont toujours posées dans l'ordre du discours que vous allez entendre. Vous allez donc entendre les réponses aux questions au fur et à mesure.
> - Même s'il vous manque des détails, ne vous inquiétez pas ! Les propos tenus par les locuteurs sont logiques : les mots-clés importants vous permettent de reconstituer la réponse logique à la question.

🔊 04 Exercice 2

a. D'après le sondage, de nombreux Français ...
   1. sont lassés des informations médiatiques. ☐
   2. regrettent un manque d'analyse des sujets médiatiques. ☐
   3. trouvent les actualités médiatiques éloignées de leur quotidien. ☐

b. Le sondage montre que la plus grande part de confiance est accordée ...
   1. aux chaînes de télévision. ☐
   2. au cercle social de proximité. ☐
   3. aux médias existant depuis longtemps. ☐

c. Selon le journaliste, qu'est-ce qui est important ?
   1. Participer à la création d'une presse citoyenne fiable. ☐
   2. Partager le plus possible les informations importantes. ☐
   3. Prendre le temps d'analyser le contenu d'une publication. ☐

🔊 05 Exercice 3

a. Pourquoi les médias cherchent-ils à être présents sur WhatsApp ?
   1. Pour toucher un plus large public. ☐
   2. Car les utilisateurs s'abonnent par choix. ☐
   3. En raison de la concurrence sur les réseaux sociaux. ☐

b. Pourquoi les personnes s'abonnent-elles aux boucles WhatsApp des médias ?

....

....

c. Cyril Lacarrière indique qu'avec cette application, les utilisateurs peuvent ...
   1. élargir leurs centres d'intérêts. ☐
   2. commenter directement les émissions. ☐
   3. faire preuve de fidélité envers le média. ☐

d. Que doivent faire les médias pour assurer leur visibilité sur WhatsApp ?
   1. Y développer rapidement leur offre. ☐
   2. Travailler le design de leurs logos y apparaissant. ☐
   3. Éviter d'y saturer leurs abonnés de messages inutiles. ☐

PRODUCTION ORALE

Entraînez-vous dans les conditions du DALF : 1 heure pour la préparation.

1 Exposé

Lisez les deux textes ci-dessous : « Comment les médias utilisent l'IA pour faire parler leurs invités dans plusieurs langues » et « L'intelligence artificielle va-t-elle tuer ou sauver les médias ? ».

À partir de ces lectures, préparez un exposé argumentatif de 8 à 10 minutes sur le thème suivant : « L'intelligence artificielle : danger ou opportunité pour les médias ? ».

Votre exposé devra comporter une introduction et une conclusion et mettre en évidence quelques points importants (3 ou 4 maximum).

Votre exposé n'est pas un compte-rendu des textes. Vous utiliserez leur propos mais développerez une réflexion personnelle.

L'usage de dictionnaires monolingues français / français est autorisé.

Conseils

- L'épreuve de production orale C1 n'est pas une synthèse. Vous devez présenter votre opinion personnelle, de manière organisée et argumentative.
- Les documents vous donneront des idées, des exemples, des pistes de réflexion, mais l'examinateur attendra aussi que vous introduisiez des idées, commentaires ou exemples qui ne se trouvent pas dans les documents.
- Votre exposé devra suivre une logique claire, bien compréhensible par la personne qui vous écoute. Il faudra ainsi bien montrer le passage d'une idée à une autre.
  Vous organiserez vos idées dans un plan :
  – introduction qui présente le thème, la problématique et le plan ;
  – développement de votre opinion en deux ou trois parties, soutenue par des exemples ;
  – conclusion.
- L'examinateur ne jugera pas (et n'a pas le droit de juger !) votre opinion, vos idées. Il jugera l'organisation de votre exposé, la manière dont vous introduisez, présentez, argumentez et liez vos idées.
- Vous n'aurez pas le temps d'écrire tout votre exposé et vous devrez parler directement aux examinateurs, et non lire un texte. Sur votre brouillon, vous organiserez un plan, noterez vos idées principales et les exemples et arguments qui les soutiendront. Vous pouvez aussi noter les mots (connecteurs logiques) qui vous permettront de passer clairement d'une idée à une autre.

Texte 1 :

Comment les médias utilisent l'IA pour faire parler leurs invités dans plusieurs langues

[...] L'IA a passé le stade du gadget dans les médias. On a vu ces derniers mois les progrès de l'intelligence artificielle pour faire des traductions en direct, rédiger des articles, créer des images, le tout de manière plutôt ludique. Mais cela devient plus sérieux : l'intelligence artificielle est désormais utilisée par des médias pour faire parler leurs journalistes ou invités dans plusieurs langues. Et ainsi s'adresser à une plus large audience. [...]

En France, le média en ligne Brut, pionnier en matière de nouveaux formats, s'intéresse de près à l'IA. Cela fait un an que ses équipes expérimentent différentes utilisations de l'IA et six mois qu'elles l'utilisent concrètement pour traduire des vidéos, au départ « pour des formats courts », explique Laurent Lucas, directeur de la rédaction.

Mais ces dernières semaines, Brut est passé à un stade supérieur avec la publication d'un documentaire de 12 minutes enregistré en français puis traduit en anglais et en espagnol. Ce documentaire, sur l'élevage intensif des pieuvres, a été publié en trois vidéos différentes, en trois langues. Mais à l'écran, c'est le même journaliste, avec la même voix et le même contenu. « C'était vraiment la première expérimentation qu'on a fait avec un journaliste et on a la perception qu'il parle en plusieurs langues différentes », indique Laurent Lucas. [...] « Ça enlève toutes les imperfections qu'il peut y avoir avec les voice-over où on entend la voix française sous la voix anglaise donc on perd un peu en clarté de compréhension. Là, pour l'audience américaine, indienne ou hispanophone, le journaliste va

…/…

ENTRAÎNEMENT AU DALF C1

parler dans leur langue donc ça permet au fond éditorial d'être plus efficace. » Les vidéos ont ainsi pu être publiées sur Brut America, Brut Mexico, Brut España et Brut Tierra. […] Brut […] mène une véritable réflexion en interne sur la place de l'IA. « Ça pose des questions de droits à l'image, de propriété intellectuelle donc on essaye de maîtriser ça en ayant des garde-fous à chaque étape de la fabrication des contenus », explique Laurent Lucas.

Brut a créé une charte des bonnes pratiques de l'IA et s'impose effectivement plusieurs garde-fous, comme avoir impérativement l'accord du journaliste pour le faire parler une autre langue, faire vérifier toutes les traductions par des journalistes anglophones et hispanophones ou encore mentionner l'utilisation de l'IA sous chaque vidéo concernée. […]

Quant à la question d'une potentielle destruction d'emplois à cause de l'intelligence artificielle, Laurent Lucas souligne que cet outil « offre des possibilités énormes » et « permet de faire des choses qu'on ne serait pas en mesure de faire sans l'intelligence artificielle ».

Noémie Lair, France Inter, 12/01/2024

Texte 2 :

L'intelligence artificielle va-t-elle tuer ou sauver les médias ?

Recherche d'informations, production de contenu, traduction, détection de propos haineux… l'intelligence artificielle (IA) générative promet d'importants gains de productivité dans l'univers des médias.

Les médias nous accompagnent au quotidien et sont un support à la démocratie : ils ont la liberté de montrer différents points de vue et idées, de dénoncer la corruption et les discriminations, mais également de montrer la cohésion sociale et culturelle. Alors que le public se tourne vers les médias pour s'informer, se cultiver et se divertir, les médias n'échappent pas aux soucis économiques et à la rentabilité d'une industrie mesurée en termes d'audimat et de vente. Dans ce contexte, l'intelligence artificielle (IA) générative amène de nouveaux outils puissants et sera de plus en plus utilisée.

Mais il faut crucialement rappeler que les IA génératives n'ont pas d'idées, et qu'elles reprennent des propos qui peuvent être agencés de façon aussi intéressante qu'absurde […]. Ces IA génératives ne savent pas ce qui est possible ou impossible, vrai ou faux, moral ou immoral.

Ainsi, le métier de journaliste doit rester central pour enquêter et raisonner sur les situations complexes de société et de géopolitique. Alors, comment les médias peuvent-ils exploiter les outils d'IA tout en évitant leurs écueils ?

[…] Les IA génératives sont des outils fabuleux qui peuvent faire émerger des résultats que nous ne pourrions pas obtenir sans elles car elles calculent à des niveaux de représentation qui ne sont pas les nôtres, sur une quantité gigantesque de données et avec une rapidité qu'un cerveau ne sait pas traiter. Si on sait se doter de garde-fous, ce sont des systèmes qui vont nous faire gagner du temps de recherche d'information, de lecture et de production et qui vont nous permettre de lutter contre les stéréotypes et d'optimiser des processus.

[…] [Ces outils] peuvent donc être extrêmement utiles pour de nombreuses tâches mais aussi contribuer à un flux d'informations non sourcées. […] Ce fonctionnement a pour conséquence directe de perdre les sources d'où sont extraits les [textes] repérés, ce qui pose un problème de fond pour la vérification du contenu produit. Aucune vérification de la véracité des propos n'est produite facilement. Il faut retrouver les sources et quand on demande au système de le faire, il peut les inventer ! […]

Il est ainsi facile d'imaginer certains des risques de l'IA générative pour les médias. D'autres apparaîtront certainement au fur et à mesure de leurs utilisations.

Il paraît urgent de trouver comment les minimiser. […] Voici quelques-uns des risques identifiés pour les médias :

- Faire trop confiance aux dires de la machine sans recouper avec d'autres sources. Le croisement de plusieurs sources de données et la nécessité d'enquêter deviennent fondamentaux pour toutes les professions : journalistes, scientifiques, professeurs et autres. Il semble d'ailleurs fondamental d'enseigner la façon d'utiliser ces systèmes à l'école et à l'université et de cultiver l'art de débattre pour élaborer ses idées.

- Comprendre que ChatGPT est construit avec des données majoritairement en anglais et que son influence culturelle peut être importante.

- Utiliser massivement ChatGPT de façon paresseuse dans les médias, en produisant énormément de nouvelles données artificielles non vérifiées sur Internet qui pourraient servir à entraîner de nouvelles IA. Ce serait dramatique qu'il n'y ait plus aucune garantie de vérité sur ces données reconstituées par la machine. Deux avocats américains se sont par exemple fait piéger en faisant référence au cours d'une procédure, sur les conseils de l'algorithme, à des jurisprudences qui n'existaient pas.

…/…

- Remplacer certaines tâches dans de nombreux métiers autour des médias par des systèmes d'IA. Certains métiers vont disparaître, d'autres vont apparaître. Il faut créer des interfaces avec des mesures de confiance pour aider la coopération entre les humains et les systèmes d'IA. […]
- Il est nécessaire de comprendre que ChatGPT fait de nombreuses erreurs, par exemple il n'a pas de notion d'histoire ni de compréhension de l'espace. […]
- Il faut vérifier que les données produites n'empiètent pas sur le droit d'auteur et que les données utilisées par le système sont correctement utilisées. Si des données « synthétiques » remplacent demain nos connaissances […], il sera de plus en plus difficile de démêler le vrai du faux.
- Donner accès à des systèmes d'IA (par exemple Dall-E ou Stable Diffusion) qui peuvent être utilisés pour créer de l'hypertrucage (*deepfake* en anglais) pour produire des images. Le phénomène rappelle l'importance de vérifier non seulement la fiabilité des sources des articles, mais aussi des images et vidéos. Il est question de mettre des filigranes (ou *watermarks*) dans les textes, images ou vidéos produites pour savoir si elles ont été faites par des IA ou de labelliser les données « bio » (ou produites par des humains).

[…] Enfin, il faut éduquer à l'école sur les risques et l'éthique tout autant que sur la programmation, et également former et démystifier les systèmes d'IA pour utiliser et innover de façon responsable en ayant conscience des conséquences éthiques, économiques, sociétales et du coût environnemental.

Laurence Devillers, *Sience et Vie*, 18/11/2023

2 Entretien

Lors du DALF, à la suite de la présentation de votre exposé, le jury vous posera des questions et débattra avec vous sur ce sujet.

Présentez votre exposé à un(e) ou plusieurs camarades et réalisez un petit débat ensemble sur ce sujet.

Puis, écoutez l'exposé d'un(e) camarade. Présentez-lui d'autres arguments pour qu'il/elle développe sa réflexion et réponde à vos questions et réfutations.

Conseils
- Pendant l'entretien au DALF, le jury aura souvent une opinion différente de la vôtre, il vous donnera l'impression qu'il n'est pas d'accord avec vous. N'ayez pas peur, c'est normal ! L'examinateur veut que vous souteniez votre opinion. Vous pouvez la nuancer, mais vous devez aussi l'argumenter, la justifier.
- Cet exercice est un débat : restez d'accord avec vous-même, et exprimez clairement vos arguments et vos exemples !
- L'examinateur ne jugera pas (et n'a pas le droit de juger !) votre opinion, vos idées. Il jugera votre capacité à argumenter, à développer vos idées, à soutenir votre point de vue et à répondre à ses questions.

UNITÉ 2 — Les tendances et les questions de société

LEÇON 1 • Un monde en mutation

Vocabulaire

1 Reliez ces mots à leur synonyme.
- a. Une mutation
- b. Une hybridation
- c. Une uniformisation
- d. Une assimilation
- e. Une juxtaposition

1. Une standardisation
2. Un assemblage
3. Un métissage
4. Une appropriation
5. Une transformation

Grammaire

2 Soulignez le bon pronom relatif composé.
- a. Je recherche des ouvrages dans **lesquels / auxquels** on parle du métissage.
- b. Il s'agit de la scientifique **avec laquelle / de laquelle** nous avons collaboré.
- c. C'est le confort **lequel / auquel** il est habitué.
- d. C'est un concept à propos **auquel / duquel** nous ne sommes pas d'accord.
- e. Les idées, **auxquelles / desquelles** il fait allusion, sont très inspirantes.

3 Complétez la phrase avec le pronom relatif qui convient.
- a. C'est l'homme auprès .... il a grandi.
- b. C'est exactement la phrase .... je pensais.
- c. Il a des amis avec .... il n'est pas d'accord.
- d. Ce n'est pas celui .... je pensais.
- e. Ce sont les jurés en face .... elle va devoir témoigner.

Compréhension orale

4 🔊 06 Écoutez et répondez aux questions.
- a. Quel est le thème de cette émission ?

....

- b. Les chaînes des influenceurs famille génèrent de l'argent notamment grâce à …
    1. des challenges. ☐
    2. des collaborations publicitaires. ☐
    3. une loi. ☐
- c. Les associations comparent les vidéos d'enfants à …
    1. du travail forcé. ☐
    2. du partenariat publicitaire. ☐
    3. des déballages de jouets. ☐
- d. Qu'est-ce que la loi qui a été votée pour encadrer les droits des enfants influenceurs a changé ?

....

COMPRÉHENSION ÉCRITE

5 Lisez le texte et répondez aux questions.

« Grande livraison » contre l'ubérisation : « C'était long, pluvieux, et froid, mais on a l'habitude ! »

Près de 400 kilomètres à pédaler contre l'ubérisation du travail. C'est sous une pluie battante que les livreurs à vélo ont mis pied à terre au cœur du quartier européen mercredi 8 novembre au soir, au terme d'un circuit de quatre jours. Partis de Paris, les travailleurs ubérisés ont roulé vers Beauvais, Amiens et Lille, avant de terminer leur course à cinq à Bruxelles. L'objectif de ce périple qu'ils ont nommé « la grande livraison » ? Attirer l'attention sur les mauvaises conditions de travail des coursiers et soutenir une directive européenne actuellement en discussion qui entend fixer des règles identiques au sein de l'Union européenne. Originaires d'Italie, d'Autriche, de France, d'Espagne ou encore de Belgique, ils ont roulé jusqu'à dix heures par jour. Leurs doléances sont nombreuses : ils évoquent le manque de transparence des commissions prélevées par les plateformes, des collaborations bloquées du jour au lendemain sans explication ni recours possible et les baisses de salaires qui forcent à des cadences toujours plus intenses. « En fait, on ne vit plus, on survit. Quand j'ai commencé en 2017, j'arrivais à gagner 1 500 euros par mois et même 2 500 en hiver avec la hausse des commandes. Aujourd'hui, pour la même durée de travail, je suis à 600 ou 800 euros », lâche, dépité, Jeremy Wick, qui travaille pour Uber Eats et Deliveroo à Bordeaux. Et c'est sans compter les accidents. Certaines plateformes payent au kilomètre plutôt qu'au temps de trajet, ce qui incite à la prise de risque. Jeudi, le petit groupe ira ainsi se recueillir dans un autre quartier de Bruxelles, là où un coursier a perdu la vie en début d'année après avoir été percuté par un car alors qu'il était en route pour livrer un repas. Soutien depuis les débuts de l'aventure, l'eurodéputée insoumise Leïla Chaibi faisait partie du comité d'accueil mercredi soir. Elle participe aux négociations autour de la nouvelle directive européenne sur les droits des travailleurs des plateformes. « Les discussions entre le Parlement, la commission et le conseil sont compliquées parce qu'il y a une grosse influence des lobbys des plateformes. On risque au final d'avoir une directive qui soit plus dans leur intérêt que dans celui des travailleurs », assure-t-elle. « C'est pour cela que ce type d'action est important. »

Laure Broulard, *Libération*, 09/11/2023

a. La grande livraison est …
   1. une directive. ☐
   2. une manifestation. ☐
   3. une négociation. ☐

b. Cette démarche montre que les livreurs souhaitent …
   1. protester contre une directive européenne. ☐
   2. défendre une directive européenne. ☐
   3. devenir salariés. ☐

c. Que signifie une doléance ?
   1. Une prime. ☐
   2. Une contravention. ☐
   3. Une revendication. ☐

d. Quelle est la cause des nombreux accidents liés au métier de livreur ?
   ....
   ....

e. Quel est l'obstacle cité par l'eurodéputée Leïla Chaibi au vote de la directive ?
   ....
   ....

PRODUCTION ÉCRITE

6 Vous exposez votre avis sur la surexposition des enfants sur les réseaux sociaux de manière organisée et détaillée.

UNITÉ 2

LEÇON 2 • L'avoir au détriment de l'être ?

VOCABULAIRE

1 Reliez ces mots à leur définition.

a. Omniprésent(e)(s)
b. Le consumérisme
c. Un fondement
d. Une norme
e. Valorisant(e)(s)
f. Une perception
g. Prôner

1. C'est une base, un principe essentiel.
2. C'est ce qui donne du prestige.
3. C'est le fait de recommander quelque chose.
4. C'est ce qui est partout.
5. C'est un état conforme à la majorité des cas.
6. C'est la compréhension de quelque chose.
7. C'est un mode de vie axé sur la consommation.

GRAMMAIRE

2 Conjuguez les verbes entre parenthèses au subjonctif présent.

a. Il vaudrait mieux que nous .... (*demander*) plus de transparence aux entreprises.

b. Il faudrait que je .... (*réfléchir*) à ma façon de consommer.

c. Il faudrait aller voir les vitrines de Noël avant qu'il ne .... (*faire*) trop froid.

d. Il faut valoriser l'usage unique pour qu'il y .... (*avoir*) moins de déchets.

e. En attendant que l'assemblée .... (*vouloir*) enfin légiférer sur l'usage du plastique, de nombreux citoyens se mobilisent pour trouver des alternatives au plastique.

f. Il vaut mieux que les gobelets jetables .... (*être*) totalement interdits à la vente à emporter.

g. Je crains qu'ils ne .... (*comprendre*) pas les conséquences de leurs choix.

COMPRÉHENSION ORALE

3 🔊 07 Écoutez et répondez aux questions.

a. Quel est l'objectif du bonus réparation ?
....

b. Quelle autre méthode en dehors du bonus réparation est préconisée par Jérôme Denis ?
....

c. Quel est l'inconvénient du bonus réparation selon Jérôme Denis ?
....

d. Le frein majeur à ce bonus réparation reste pour Marguerite Catton …
   1. économique. ☐   2. écologique. ☐   3. sociologique. ☐

e. Le problème de base dans le domaine du textile est …
   1. le prix bas pour des articles de bonne qualité. ☐
   2. le prix élevé pour des articles de mauvaise qualité. ☐
   3. le prix bas pour des articles de mauvaise qualité. ☐

COMPRÉHENSION ÉCRITE

4 Lisez le texte et répondez aux questions.

Quand les sportives de haut niveau subissent le diktat de la beauté physique, critère de visibilité et donc de performance

« Il faut d'abord que la sportive gagne et montre qu'elle est performante. Après, il est encore mieux pour elle de correspondre aux canons de beauté », fait remarquer Béatrice Barbusse.

Un constat partagé par Charlotte Lembach. Malgré son titre de vice-championne olympique aux Jeux de Tokyo, l'escrimeuse peine à trouver des sponsors pour Paris 2024. « Quand je vois que je galère alors que d'autres sportives très jolies, qui n'ont pas mon palmarès, ont plus de visibilité et se font carrément démarcher par des marques sur les réseaux sociaux, ça m'amène à me poser des questions… »

Une tendance également éprouvée par Mélina Robert-Michon, vice-championne olympique aux Jeux de Rio, en 2016, et vingt fois championne de France. Son brillant palmarès parle de lui-même. Pourtant, la spécialiste du lancer de disque rencontre elle aussi une difficulté à trouver des sponsors. « La performance est plus importante chez les hommes, alors que le physique a une part plus importante chez les femmes », raconte celle qui a conscience d'être « un peu plus charpentée que la moyenne ».

Et le phénomène va encore plus loin. Selon plusieurs chercheuses interrogées, certaines athlètes vont aller jusqu'à se « recréer une féminité ». L'objectif ? Attirer les sponsors et poursuivre leur carrière dans de meilleures conditions. « Celles qui n'ont pas des physiques s'apparentant aux stéréotypes féminins vont mettre du vernis, des bijoux ou encore surinvestir les robes pour essayer de donner des gages qui ramènent à une féminité », expose Sandy Montanola, maîtresse de conférences à l'université Rennes 1 et spécialisée dans les questions de sport, de genre et de médias. « Les athlètes ont anticipé le fait que les sponsors attendent des représentations sociales assez stéréotypées. »

Les stéréotypes de genre ne se limitent pas qu'au physique. Ils se reflètent également dans les tenues, qui font partie entière du processus de sexualisation. Parfois jugées trop courtes ou trop échancrées, nombreuses sont les sportives à s'en être déjà offusquées. Peu à peu, les langues se délient et les athlètes ne masquent plus leur malaise. « Des joueuses de beach handball ont refusé la sélection tricolore à cause du port obligatoire du bikini. Et encore, ça ressemble plutôt à un string. Elles étaient mal à l'aise, c'est une réalité », déplore Béatrice Barbusse. « Le sport doit être inclusif. Ce n'est pas via ce genre de tenues qu'on va faciliter la démarche. »

Célia Sommer, *franceinfo : sport*, 21/01/2022

a. Le constat de Charlotte Lembach est que …
   1. des sportives sont approchées par des sponsors pour leur physique et non pour leur performance. ☐
   2. les performances des sportives priment sur les canons de beauté pour leur visibilité et les sponsors. ☐

b. D'après Mélina Robert-Michon, quelle distinction est faite entre les hommes et les femmes dans le milieu du sport ?
....

c. Dans le texte, que signifie « se recréer une féminité » ?
....

d. La représentation très genrée attendue par les sponsors est visible notamment via …
   1. la santé des sportives. ☐
   2. les performances des sportives. ☐
   3. les tenues des sportives. ☐

e. Petit à petit, les sportives expriment …
   1. leur envie d'être féminisées. ☐
   2. leur malaise quant aux tenues exigées. ☐

PRODUCTION ÉCRITE

5 🔊 07 Réécoutez l'émission de radio de l'exercice 3. Identifiez les informations clés et faites un petit résumé des idées principales du bonus réparation en quelques phrases.

UNITÉ 2

LEÇON 3 • Le retour à l'être

VOCABULAIRE

1 Reliez ces mots à leur synonyme.
- a. Le minimalisme
- b. L'utopisme
- c. L'hédonisme
- d. L'altruisme
- e. L'émancipation

1. L'épicurisme
2. La philanthropie
3. L'épurement
4. La libération
5. L'idéalisme

GRAMMAIRE

2 Soulignez les termes qui expriment l'opposition et entourez ceux qui expriment la concession.
- a. Elle a obtenu son permis même si elle pensait avoir échoué.
- b. Il préfère acheter de l'occasion au lieu d'acheter neuf.
- c. La ville accueillera une nouvelle ligne de tramway. Cependant, les travaux ne prendront fin qu'en 2030.
- d. Ils espéraient y arriver sauf qu'ils n'ont pas tenu leurs promesses.
- e. Elle était très motivée, par contre elle ne sera disponible qu'en mars.
- f. Notre société prône l'individualisme tandis que cette philosophie prône l'altruisme.
- g. On a décidé de manifester en dépit de la loi.
- h. Je n'irais jamais quand bien même on m'y inviterais.

COMPRÉHENSION ORALE

3 🔊 08 Écoutez et répondez aux questions.
- a. Une utopie est …
  1. une idée précise. ☐
  2. une illusion. ☐
  3. une cité-jardin. ☐
- b. Pourquoi Émile Fanjat s'est inspiré de la ville de Reims ?
  ....
  ....
- c. Décrivez une cité-jardin.
  ....
  ....
  ....
- d. Quelle est l'originalité de la cité-jardin d'Émile Fanjat ?
  ....
  ....

Unité 2 • Les tendances et les questions de société

COMPRÉHENSION ÉCRITE

4 Lisez le texte et répondez aux questions.

Pourquoi le luxe tranquille est le nouveau minimalisme à adopter chez soi

À une époque où le bien-vivre et le bien-être sont si étroitement liés, le confort a supplanté l'ostentatoire ; d'où l'arrivée du « luxe tranquille », une tendance qui a émergé au début de l'année sur les réseaux sociaux. Il s'agit d'un minimalisme plus chic, qui prend ses distances avec les bords bruts, les lignes épurées et les surfaces brillantes.

« Pour moi, le luxe tranquille est synonyme d'opulence sans envahir les sens », explique Helena Clunies-Ross, qui a travaillé dans des hôtels et des résidences haut de gamme dans le monde entier. « C'est une philosophie qui consiste à chuchoter le luxe plutôt que de le crier. C'est un peu comme la méditation, où l'on fait de la place dans son esprit pour que le moment soit propice à la respiration. »

Une philosophie que l'architecte d'intérieur a récemment appliquée dans la rénovation d'un bien situé dans le quartier de Tribeca à New York. Les plafonds à double hauteur sont accentués par une colonne architecturale revêtue de chêne noir qui s'élève à travers la cuisine, et par une bibliothèque noire de six mètres de haut qui recouvre le mur du salon en face. Pour adoucir l'effet, un olivier de cinq mètres se dresse devant la fenêtre, ses feuilles se reflétant sur le mur d'en face avec les rayons du soleil. Dans le bureau attenant, un canapé en L en velours couleur caramel, qui s'étend le long de deux murs, est associé à un tapis à poils moelleux. Un luxe certain, mais un luxe raffiné.

Le choix des matériaux est essentiel : les métaux sont brunis ou adoucis, plutôt que polis ; les bois sont bruts et non vernis ; les velours sont discrets, plutôt que lustrés et brillants.

La durabilité et la longévité sont à la base de ce style finalement assez proche du mouvement *slow living*, qui privilégie les expériences significatives à la gratification instantanée. « Nous vivons dans une société où tout le monde doit tout avoir immédiatement, c'est pourquoi j'aime vraiment célébrer les artisans et les savoir-faire », relève l'architecte.

Jessica Doyle, *AD Magazine*, 07/11/2023

a. Comment définiriez-vous la tendance du luxe tranquille ?

b. D'après Helena Clunies-Ross, il vaut mieux …
   1. suggérer discrètement le luxe. ☐
   2. montrer de manière ostentatoire le luxe. ☐
   3. être dans l'opulence. ☐

c. Quelle est la caractéristique des matériaux mis en avant par le luxe tranquille ?

d. Pourquoi le luxe tranquille est comparé au mouvement *slow living* ?

PRODUCTION ÉCRITE

5 Vous participez au concours ville-utopie. Développez trois idées de manière claire et détaillée.

CONCOURS VILLE-UTOPIE

Dans le cadre du projet ville-utopie, envoyez-nous trois idées pour rendre votre ville plus idéale.

À gagner : un aller-retour dans la ville de votre choix.

Pour participer au concours, envoyez votre texte à villeutopie@odyssee.fr

ENTRAÎNEMENT AU DALF C1

COMPRÉHENSION ÉCRITE

Entraînez-vous dans les conditions du DALF : réalisez cet exercice en 50 minutes.

Lisez le texte puis répondez aux questions.

Pour répondre aux questions :
- **Vrai ou faux :** citez le passage du texte qui justifie votre choix.
- **Question à choix multiple :** cochez la bonne réponse (une seule réponse).
- **Question à réponse libre :** synthétisez et reformulez.

> **Conseils**
> - Lisez bien les questions avant de lire le texte ! Cela vous permettra d'identifier le thème du texte, d'en repérer les mots-clés et de concentrer votre lecture sur les points soulevés par les questions. Votre compréhension en sera améliorée, car elle possédera un objectif : répondre aux questions !
> - Ne cherchez pas une compréhension fine de tous les détails, c'est une compréhension globale, des points les plus importants du texte, qui vous est demandée. Aucune question ne peut porter sur un détail inutile. Donc, s'il y a un mot que vous ne connaissez pas, ne vous inquiétez pas ! Jugez d'abord de son importance dans le texte. S'il correspond à une idée principale, déduisez son sens du contexte : le rapport entre les mots et les idées est toujours logique.
> - Enfin, ne vous perdez pas dans le texte : les questions sont toujours posées dans l'ordre du texte que vous allez lire. Par exemple, la question numéro 1 ne peut pas faire référence à la fin du texte, mais uniquement au début du texte. Il peut y avoir une question de compréhension globale du document entier, elle sera dans ce cas placée à la fin du questionnaire.

LA SOBRIÉTÉ HEUREUSE EST-ELLE ACCESSIBLE ?

[…] Ces dernières années, l'ensemble des acteurs de la société n'ont pu échapper à l'acuité particulière que prennent les problèmes écologiques […] [qui] sont désormais des urgences collectives.

Face à ces urgences, beaucoup sont ceux qui appellent aujourd'hui à la sobriété écologique, à la refonte de nos modes de consommation, à ce que l'on appelle […] la sobriété heureuse. L'idée ? Chacun devrait simplement accepter de vivre mieux avec moins et réapprendre à profiter des choses simples de l'existence. Et si chacun le faisait, on pourrait collectivement réduire notre pression sur la nature.

En théorie, l'idée séduit. Toutefois, elle semble, en même temps, en décalage complet avec l'époque : peut-on réellement prôner le renoncement matériel à l'heure où beaucoup manifestent justement pour leur pouvoir d'achat ? Y aurait-il deux catégories de citoyens : ceux, engagés, « consommacteurs », qui acceptent de renoncer à leurs modes de consommation pour la planète, et ceux, égoïstes, qui ne pensent qu'à leur niveau de consommation ou au mieux n'en ont rien à faire ?

Et si l'explication était ailleurs ? Et si, en fait, penser la sobriété heureuse était en quelque sorte un privilège de riches ?

Consommation, écologie et sobriété

Voir dans l'hyper-consommation la source des problèmes écologiques repose sur une logique fondée à première vue. C'est en effet notre consommation trop importante d'énergie, de matériaux ou d'espaces naturels qui engendrent les crises écologiques.

Néanmoins, affecter la responsabilité de la catastrophe écologique à la somme de nos comportements de consommation individuels cache une bonne partie de la réalité. Certes, nos modes de consommation sont polluants, dans leur ensemble et en moyenne. Mais entre le mode de consommation d'un Français au salaire médian […] et celui d'un cadre supérieur […], les impacts environnementaux peuvent être d'ordres de grandeur très différents. […]

Les études montrent de façon consistante que la majorité des émissions de CO_2 sont générées par les plus riches. […] En termes d'impact, demander à une personne aisée de faire des renoncements dans sa consommation n'est pas la même chose que de le demander à une personne à plus faibles revenus.

Des sobriétés plus heureuses que d'autres

Pour les consommateurs aisés, renoncer à certains biens matériels est aussi plus simple. […]

…/…

Il y a d'abord un aspect quantitatif là-dedans. C'est peut-être trivial de le dire, mais on ne peut se préoccuper de réduire sa consommation qu'à condition d'avoir déjà suffisamment pour vivre dignement. Et il est important de rappeler que ce n'est pas toujours le cas, même en France. À défaut de sobriété heureuse, certains sont contraints à une sobriété subie : on l'appelle la précarité. Alors bien-sûr, si l'on cherche, on trouvera toujours, même chez les moins aisés, un petit quelque chose à dire, une consommation dont on aurait bien pu se passer. […]

Mais au-delà de cet aspect quantitatif, il y a une question bien plus fonctionnelle : la consommation sert bien souvent une fonction, un besoin. Et en fonction de sa situation économique, le besoin auquel répond l'achat peut être très différent. Renoncer à l'achat d'une console de jeu pour ses enfants, c'est assez simple lorsque ces derniers ont accès à des cours de sport, de musique ou à des activités culturelles, voire, tout simplement, à un jardin. La fonction de loisir peut en fait être remplie par autre chose. Lorsque l'on vit […] dans un petit appartement avec peu de loisirs à proximité, la même console de jeu peut au contraire devenir l'une des seules échappatoires accessibles.

Les privilégiés de la sobriété heureuse

La sobriété (qui plus est heureuse) n'est pas un concept dont les frontières peuvent se définir de façon absolument objective. Vivre mieux avec moins, est-ce vivre seulement avec l'essentiel ? Et dans ce cas, qu'est-ce qui est essentiel ou superflu ?

En accord avec ses positions anti-matérialistes, la sobriété heureuse postule généralement la primauté de l'expérience immatérielle par opposition au bien matériel. Le contact avec la nature serait plus essentiel que l'achat du dernier smartphone. Avoir une vie sociale riche serait plus important que l'achat d'un nouveau téléviseur. La culture serait plus nourrissante que le fast-food.

Certes, mais cela fait oublier que le contact avec la nature, la vie sociale et la culture sont, dans les faits, déjà des privilèges qui ne sont pas accessibles à tous. Tout le monde n'a pas un jardin potager […] ou une maison à la campagne, ni même la possibilité d'emmener régulièrement sa famille en escapade en forêt. […] Tout le monde n'a pas les moyens de prendre un abonnement au théâtre ou de faire le tour des musées du coin (quand il y en a).

Quand les barrières à ce genre d'expériences […] ne sont pas financières, elles peuvent-être sociologiques, culturelles ou même territoriales. Parfois, les choses matérielles sont tout ce qu'il est possible de consommer pour rendre la vie un peu meilleure. Parfois, le smartphone est la porte vers l'ailleurs que l'on peut s'offrir quand la balade en bord de mer n'est pas accessible.

C'est une forme de luxe, plus subtile que les voitures de sport, d'avoir le temps, les moyens et l'horizon de penser ses besoins au-delà du matériel. En un sens, se penser dans une dynamique « minimaliste » et de sobriété, c'est déjà faire le constat qu'on a trop : de choses ou de choix. D'autres ont des choses car ils n'ont pas de choix.

Consommer moins, mais mieux : pas si simple

Dans le logiciel de pensée de la sobriété heureuse, il y a aussi l'idée qu'il faudrait consommer moins, mais mieux. Consommer bio plutôt que consommer des produits de grande distribution, manger moins de viande, mais de meilleure qualité. Et si c'est plus cher, ce n'est pas grave, il suffit d'en manger un peu moins. […]

Même logique pour la mode : pour la planète, c'est clair, il vaut mieux dépenser deux fois plus pour un vêtement de qualité qu'on gardera peut-être trois fois plus longtemps. On peut même dire que c'est économique, à terme. Sauf qu'il faut les moyens initiaux d'investir dans un beau manteau artisanal qu'on gardera 15 ans. Et pour beaucoup, avoir ces moyens-là revient à sacrifier des besoins immédiats plus urgents. Dans ce contexte, le manteau de la *fast-fashion*, lui, répond à ce besoin sans sacrifier les autres, même s'il faudra le racheter dans trois ans. […]

Et puis, il y a quelque chose de paradoxal dans le discours de la sobriété heureuse. Il récuse la société de consommation, et pourtant reprend ses logiques : ce serait aux consommateurs d'agir pour orienter le système, dans une pure logique de marché. […]

Vers une sobriété heureuse inclusive ?

[…] Le vrai débat serait sans doute de voir dans quelle mesure il est possible de transformer nos systèmes de production et nos systèmes sociaux pour aboutir à un équilibre où l'on serait capable de fournir à tous, quels que soient ses moyens, des produits de consommation écoresponsables. En résumé : comment peut-on orienter les producteurs directement, politiquement, tout en donnant aux consommateurs les moyens de consommer mieux ? Il s'agit là de construire une sobriété collective, inclusive, globale.

Une telle transformation nécessiterait de penser les problèmes dans toute leur nuance et leur globalité, sans confronter artificiellement les modèles (consommateur responsable contre irresponsable, producteur de niche contre produit de grande consommation). Il faudrait alors penser des modèles capables de produire assez, pour tous, tout en intégrant les questions écologiques. Peut-être que ces modèles ne seront pas 100 % bio, peut-être qu'ils ne seront pas 100 % renouvelables, mais au moins, ils seront réalistes. Là encore, il s'agit d'éviter le tout ou rien.

Évidemment, ce changement n'a rien d'aisé non plus. Il implique des transformations […] complexes, et la prise en compte de réalités économiques et sociales qui le sont encore plus, notamment dans des sociétés mondialisées. […] Mais il aurait au moins l'avantage de viser un modèle de transition accessible à tous, et pas une sobriété pour quelques-uns.

Clément Fournier, *Youmatter*, 23/06/2020

ENTRAÎNEMENT AU DALF C1

a. Selon l'auteur, l'idée de la sobriété heureuse répond-elle vraiment aux enjeux du moment ?
....
....
....

b. Que pense l'auteur des conséquences négatives de la consommation ?
   1. Elles sont liées aux revenus des consommateurs. ☐
   2. Elles mettent chacun face à ses responsabilités. ☐
   3. Elles résultent du mode de vie le plus répandu. ☐

c. Selon l'auteur, la sobriété heureuse est accessible à tous.   Vrai ☐   Faux ☐

   Justification : ....
   ....
   ....

d. Selon l'auteur, quels achats matériels peuvent répondre à une nécessité essentielle ?
....
....

e. Dans l'idée de la sobriété heureuse, qu'est-ce qui doit être privilégié ?
....
....

f. Quel paradoxe du renoncement à l'achat met en avant l'auteur ?
....
....

g. Selon l'auteur, pourquoi l'achat vestimentaire responsable est-il difficile pour de nombreuses personnes ?
   1. Cela implique de renoncer à suivre la mode. ☐
   2. Cela impose de disposer d'un budget conséquent. ☐
   3. Cela oblige à vérifier sérieusement sa provenance. ☐

h. L'auteur montre que les propos concernant la sobriété heureuse …
   1. s'inscrivent en fait dans la logique consumériste. ☐
   2. donnent lieu à de nouvelles logiques commerciales. ☐
   3. sont souvent utilisés dans les logiques de marketing. ☐

i. Quel changement défend l'auteur ?
....
....

j. L'auteur juge inutile d'opposer deux catégories de consommateurs.   Vrai ☐   Faux ☐

   Justification : ....
   ....

k. La solution envisagée par l'auteur vise à trouver un compromis …
   1. pour qu'un mode de vie responsable puisse être généralisé. ☐
   2. pour que la consommation devienne de plus en plus impopulaire. ☐
   3. pour que le principe de sobriété s'applique dans la société actuelle. ☐

PRODUCTION ÉCRITE

Entraînez-vous dans les conditions du DALF : réalisez cet essai argumenté en 1 heure.

- **Essai argumenté**

Relisez les textes « La sobriété heureuse est-elle accessible ? » (pages 20 et 21) et « Pourquoi le luxe tranquille est le nouveau minimalisme à adopter chez soi » (page 19).

Écrivez un texte argumentatif de 250 mots minimum sur ce sujet :

Dans un magazine, vous lisez un dossier sur le thème du minimalisme, qui est associé à l'idée de la sobriété heureuse. Vous écrivez au courrier des lecteurs pour présenter votre point de vue de manière argumentée. Vous soutenez l'idée de sobriété, mais son association à un minimalisme luxueux vous semble paradoxale, et peu responsable. Vous défendez que l'accès à une consommation responsable est nécessaire pour tous.

> **Conseils**
> - Contrairement à la synthèse (exercice 1 de l'épreuve de production écrite au DALF C1), dans l'essai argumenté (exercice 2 de l'épreuve de production écrite au DALF C1), vous développerez votre point de vue. Il suivra un déroulement logique, avec une introduction, une conclusion, une progression cohérente et des arguments soutenus par des exemples.
> - Le sujet portant toujours sur le même thème que la synthèse, vous pouvez utiliser les textes lus pour soutenir votre propos (exemples, références, idées…).
> - Respectez bien le sujet : il oriente votre point de vue et vous donne un contexte, un rôle (ex. : vous êtes un journaliste, un lecteur, un économiste, un parent d'élève…) qui implique un registre de langue, un ton et un objectif (convaincre, critiquer, réfuter…). Cette adéquation au sujet est notée à l'examen.

UNITÉ 3 — La politique et les valeurs sociétales

LEÇON 1 • Le populisme

VOCABULAIRE

1. Qui est qui ? Associez.

a. Le/La porte-parole du gouvernement
b. Les élus
c. Les membres du gouvernement
d. Les électeurs
e. Les lanceurs d'alerte

1. Ce sont les personnes qui forment un gouvernement : Premier ministre, ministres, ministres délégués, secrétaires d'État, hauts commissaires...
2. Ce sont les personnes qui ont le droit de vote.
3. C'est la personne qui chaque mercredi rend compte du conseil des ministres à la presse.
4. Ce sont les personnes qui mettent en lumière un scandale ou un danger.
5. Ce sont les personnes qui ont été désignées par élection.

2. Complétez les phrases avec les mots suivants. Faites les accords nécessaires.

quinquennat – campagne électorale – présidentiel – exécutif – candidat

a. Chaque .... a le même temps de parole dans la presse durant les élections.
b. Les élections .... se font au suffrage universel direct en France.
c. Un .... est la durée du mandat présidentiel en France.
d. Le pouvoir .... est un des trois pouvoirs en France avec le pouvoir législatif et le pouvoir judiciaire.
e. Il est accusé d'avoir financé sa .... avec des fonds illégaux en 2012.

GRAMMAIRE

3. Soulignez les modalisateurs utilisés dans le texte.

Les politiciens essaient d'intéresser la jeunesse à leurs actions. Comment ? En utilisant les réseaux sociaux, pensant que ce canal sera le plus approprié. Ce moyen est sans doute logique mais d'après moi, cela montre la difficulté des représentants de l'État à communiquer efficacement avec les jeunes et à les intéresser à la politique.

COMPRÉHENSION ORALE

4. 🔊 09 Écoutez et répondez aux questions.

a. Quelle proposition va faire Paul Midy ?
....
....

b. Le sentiment d'impunité est le fait qu'…
 1. on pense qu'on ne sera pas sanctionné pour ce que l'on fait. ☐
 2. on pense que les sanctions que l'on reçoit sont injustes. ☐

c. Le débat va être houleux signifie que …
 1. la discussion au sein du Parlement va être longue. ☐
 2. la discussion au sein du Parlement va être agitée. ☐

d. Quelles sont les craintes de l'opposition ?
....
....

COMPRÉHENSION ÉCRITE

5 Lisez le texte et répondez aux questions.

Des manifestations féministes aux premières femmes sous-secrétaires d'État (1932-1936)

Jeanne Valbot inaugure au Sénat cette nouvelle forme d'action. En février 1932, elle s'enchaîne au banc d'une des tribunes du Palais du Luxembourg. Mais c'est surtout la journaliste Louise Weiss, surnommée plus tard la mère de l'Europe, qui invente ce qu'on pourrait qualifier aujourd'hui des opérations médiatiques. Le 6 février 1934, elle ouvre aux Champs-Élysées une boutique baptisée la Femme nouvelle qui sert de vitrine à son organisation féministe. En 1935, elle organise une série de réunions dans la Vienne, fief du sénateur Duplantier, alors candidat à sa propre réélection, qui était intervenu en séance publique de manière très antiféministe et même grivoise sur l'accession des femmes aux métiers de notaire, greffier et huissier et sur le suffrage des femmes. Armée du seul Journal officiel, elle explique dans les principales villes du département les plaisanteries, finesses et jeux de mots du sénateur... Il ne sera pas réélu.

Louise Weiss utilise l'actualité à des fins de propagande féministe et fait preuve d'imagination : elle convainc les trois plus grandes aviatrices françaises de participer à un meeting à l'Alhambra de Bordeaux en faveur du suffrage des femmes ; lors de la finale de la Coupe de France de football, elle lâche des petits ballons rouges auxquels sont attachés des tracts féministes que le vent entraîne jusqu'à la tribune présidentielle ; le jour du Grand Prix de Longchamp, avec d'autres suffragettes, elle retarde le départ des chevaux en se promenant sur la piste avec des banderoles.

Divertir au lieu de prêcher est son mot d'ordre. Le 1er juin 1936, jour de la rentrée des Chambres après les élections, elle offre aux députés des bouquets de myosotis. Le 2, elle est au Sénat. Les suffragettes, souvent accusées de passer plus de temps sur les estrades que dans leurs foyers, sont fréquemment accueillies dans les meetings par les cris de : « Ta soupe... Tes chaussettes... » C'est donc tout naturellement que Louise Weiss offre aux sénateurs une paire de chaussettes et l'engagement de les raccommoder même si le droit de vote leur est accordé. À Henri Merlin, sénateur de la Marne qui avait fait ajourner le texte sur la création de conseillères municipales facultatives adjointes, c'est un autre cadeau qu'elle fait : une aubade de saxophones et de pistons qui provoque la réprobation du groupe féministe du Sénat. Le lendemain avec d'autres militantes elle s'enchaîne entre le ministère de la Marine et la terrasse de chez Maxim's, barrant la rue Royale et occasionnant un magnifique bouchon.

Archives du Sénat, Les femmes sénateurs

a. Ce texte traite notamment ...
 1. de la réélection du sénateur Duplantier. ☐
 2. du droit de vote en France. ☐
 3. d'une certaine manière de manifester choisie par les féministes. ☐

b. Expliquez la méthode mise en place par Louise Weiss.

....

c. Qu'est-ce qu'une suffragette ?
 1. Une élection organisée au niveau régional. ☐
 2. Une femme qui est élue au suffrage universel. ☐
 3. Une femme qui milite pour obtenir le droit de vote. ☐

d. Pourquoi Louise Weiss offre des chaussettes aux sénateurs ?

....

PRODUCTION ÉCRITE

6 Selon vous, quelles mesures devraient être mises en œuvre pour inciter les jeunes à voter ?

UNITÉ 3

LEÇON 2 • La société à l'épreuve

VOCABULAIRE

1 Associez ces deux colonnes pour retrouver les expressions.

a. La fracture
b. Un lieu
c. L'âge
d. La mémoire
e. Une ascension
f. La discrimination

1. d'or.
2. professionnelle.
3. sociale.
4. positive.
5. collective.
6. commun.

GRAMMAIRE

2 Complétez le texte avec les articulateurs du discours suivants.

mais encore – depuis cette date – en définitive – en premier lieu – j'ajouterai que

La discrimination positive est un sujet politique et social récurrent dans les débats et la presse française. Il faut savoir .... que ce terme de discrimination positive est apparue aux États-Unis dans les années 60 au cours du XXe siècle. ...., cette pensée n'a eu de cesse d'investir le débat notamment autour de sujets tels que la représentation des minorités au sein des universités ou des grandes écoles .... au sein du milieu artistique ou des médias. .... la discrimination positive continuera à être un concept qui dérangera et donnera matière à penser à nos politiques. ...., malgré l'avancée de certaines lois mises en place, les mentalités doivent encore évoluer avant que la discrimination positive ne soit un concept obsolète.

COMPRÉHENSION ORALE

3 🔊 10 Écoutez et répondez aux questions.

a. Que suggère la Cour des comptes face à la souffrance animale ?
   1. De la soustraire au prix global de la viande. ☐
   2. De la supprimer en mettant en place des lois. ☐
   3. De l'inclure dans le prix global de la viande. ☐
b. Pour quelles raisons les transports des animaux ont été multipliés ?
   ....
c. Que préconise la Cour des comptes européenne pour diminuer le stress des animaux lors des transports ?
   ....
d. D'après Eva Lindström, auditrice de la Cour, quelle est l'attitude des consommateurs face à ce problème ?
   1. Les consommateurs pourraient accepter l'augmentation des tarifs s'il y avait plus de transparence. ☐
   2. Les consommateurs ne peuvent pas payer plus cher s'ils sont mieux informés des conditions d'élevage. ☐

Unité 3 • La politique et les valeurs sociétales

COMPRÉHENSION ÉCRITE

4 Lisez le texte et répondez aux questions.

Transfuges de classe : « Des rencontres permettent d'échapper aux seules lois de la détermination »

J'ai mené une soixantaine d'entretiens auprès de patrons atypiques : handicapés, femmes, homosexuels, autodidactes, noirs ou maghrébins. Puis je suis revenu sur ma propre histoire, celle d'un universitaire issu d'un milieu désocialisé et pauvre, que tout condamnait logiquement à la déviance, à la misère. Eux et moi racontons la même histoire, qui donne espoir, qui énonce le bien autant qu'elle dénonce le mal.

Nos parcours semblent être ceux de personnes engagées et loyales. Pour compenser le handicap associé au stéréotype de la différence ou de l'absence de place (la faiblesse, la paresse ou la fragilité), nous devons en effet constamment fournir la preuve de nos capacités. Mais notre réussite ne repose pas sur le seul respect des lois de la méritocratie. Au contraire, il faut en pervertir les règles du jeu pour compenser le manque de capital social et culturel. Un patron qui ne dispose pas des codes des classes dominantes apprend à tirer parti de cette faiblesse : il se moque des conventions du management et centre son action sur des principes d'efficacité simples et robustes, il ne confond pas le théâtre social et la réalité du monde. Les uns et les autres s'engagent dans les missions risquées que les bien nés refusent. Parce qu'ils étaient initialement dominés, soit. Mais plus encore, pour tirer avantage de comportements transgressifs permettant de redistribuer les atouts. Et puis, aussi, parce qu'ils finissent par prendre goût à l'aventure de leur vie.

Ces histoires n'ont rien à voir avec les *success stories* de personnalités exceptionnelles. Elles reposent sur des rencontres avec des « fées » qui donnent sens à la vie. Qui sont-elles ? L'être aimé, l'ami, les familles généreuses, le prof de lycée, principalement. Elles éclairent et étayent ces parcours périlleux. Elles savent écouter, conseiller ou simplement être là pour dire « continue ! », pour soutenir le désir d'un parcours improbable mais légitime.

L'école a, dans cette perspective, une vertu considérable : elle propose un espace de paix et de reconnaissance à ceux qui n'en disposent pas ailleurs. L'école ne peut être confondue avec une « machine à reproduire les inégalités ».

Norbert Alter, *La Croix*, 28/02/2023

a. Quelles sont les origines sociales de l'auteur ?

....

b. Fournir la preuve signifie …
   1. démontrer. ☐   2. accuser. ☐   3. rendre coupable. ☐

c. La méritocratie est …
   1. la hiérarchie sociale et économique fondée sur le mérite individuel. ☐
   2. la hiérarchie sociale et économique fondée sur les origines sociales. ☐

d. Selon l'auteur, quelles qualités peut développer un patron atypique ?

....

e. Quelles sont les rencontres avec des fées dont parle l'auteur ?

....

PRODUCTION ÉCRITE

5 Exposez votre avis dans un texte clair et détaillé.

> **LES TRANSFUGES DE CLASSE**
> En France, de nombreux modèles tels que les écrivains Annie Ernaux ou Édouard Louis, des politiciens tels que Éric Dupont-Moretti ou Aurélie Filippetti ou encore des artistes tels qu'Omar Sy sont cités comme des transfuges de classe, des modèles de réussite. Existe-t-il des figures emblématiques telles quelles dans votre pays ? Est-il possible d'accéder aux hautes sphères en venant d'un milieu modeste dans votre pays ?

UNITÉ 3

LEÇON 3 • De nouvelles valeurs sociétales

VOCABULAIRE

1. Reliez ces mots à leur définition.

a. La conjoncture
b. L'euthanasie
c. L'injonction
d. L'apogée
e. Le genre
f. L'inclusion
g. La marginalisation

1. C'est le plus haut niveau que l'on puisse atteindre.
2. C'est une situation résultant de plusieurs facteurs.
3. C'est un concept qui renvoie à l'identité sexuée des individus.
4. C'est le fait de provoquer la mort d'un malade qui souhaite mourir.
5. C'est le fait de mettre quelqu'un à l'écart de la société.
6. C'est un ordre formel.
7. C'est le fait de mettre en place un dispositif pour intégrer un individu à un groupe.

GRAMMAIRE

2. Complétez les phrases avec les connecteurs suivants.
puisque – faute de – c'est pourquoi – au point de

a. Malgré le congé paternité, les hommes ne profitent que rarement du congé parental, ... le gouvernement réfléchit à une aide financière pour permettre à plus de pères de bénéficier de ce congé.

b. Ils ont dû déscolariser leur enfant .... place adaptée dans leur école de quartier.

c. Ce sujet est très débattu .... diviser les Français.

d. Ils recherchent une AVS .... leur fils atteint d'autisme doit être suivi en classe.

3. Complétez les phrases en écrivant la cause ou la conséquence.

a. Il n'a pas rendu son mémoire sous prétexte que ....

b. Elle a trouvé un sens à sa vie grâce à ....

c. Nous avons tout perdu au point de ....

d. Ils n'ont pas compris si bien que ....

COMPRÉHENSION ORALE

4. 🔊 11 Écoutez et répondez aux questions.

a. Dans son essai, Sophie Galabru s'interroge sur comment une famille s'organise parfois …
   1. au prix du sacrifice du lien. ☐
   2. au prix du sacrifice d'un de ses membres. ☐
   3. au prix du sacrifice de la démystification. ☐

b. Que signifie démystifier ?
   1. Désacraliser. ☐
   2. Résoudre. ☐
   3. Déchiffrer. ☐

c. Qui ou que doit coexister au sein de la famille d'après Sophie Galabru ?
   1. Les déceptions. ☐
   2. Les ancêtres. ☐
   3. Les individualités. ☐

d. D'après Sophie Galabru, faire famille suppose …
   1. des pactes très concrets. ☐
   2. des actes très concrets. ☐

COMPRÉHENSION ÉCRITE

5 Lisez le texte et répondez aux questions.

Mannequin à 63 ans, Caroline combat l'âgisme : « Qu'est-ce qu'on en a à faire de la fashion week ? »

Caroline Ida Ours a 63 ans, fait une taille 44, a des rides, et défile en lingerie et pose nue. Géraldine Mayr reçoit ce mannequin qui se bat, elle, contre l'invisibilisation des femmes de plus de 50 ans. Quel est le quotidien de ce mannequin « silver » ?

En défilant pour L'Oréal, Darjeeling ou Loewe, la mannequin Caroline Ida Ours milite contre l'âgisme et pour la liberté des femmes. Sur son compte Instagram, elle partage sa passion pour la mode et la beauté. Elle cumule plus de 115 000 abonnés et se montre comme elle est dans son quotidien. Si elle reçoit beaucoup de messages de remerciements et d'encouragements, Caroline fait face à des vagues de messages virulents. Quid de notre société qui met au ban les femmes quinquagénaires ?

« La mode n'accepte pas les corps qui sont différents, car ils veulent présenter le corps comme un portemanteau […]. Des personnalités de tous les horizons, avec tous les corps, de tous les âges, de toutes les couleurs : c'est ça la vie, c'est ça le monde de 2023. »

L'âgisme apparaît « […] lorsque l'âge est utilisé pour catégoriser et diviser les gens d'une façon qui entraîne des préjudices, des désavantages et des injustices », selon l'Organisation mondiale de la Santé (OMS). En France, la moitié des Françaises a plus de 50 ans. Toutefois, elles semblent absentes des représentations. Dans le monde du cinéma, seuls 7 % des rôles ont été attribués à des comédiennes de plus de 50 ans d'après l'association Actrices et acteurs de France associés (AAFA).

Caroline Ida Ours est issue d'une famille d'entrepreneurs. Elle travaille pendant 25 ans dans la même entreprise jusqu'au jour où elle décide de faire ce qui lui plaît. Elle travaille cinq ans pour une marque de sacs à main. Malheureusement, l'activité de l'entreprise diminue. Après une période d'isolement professionnel et une rupture d'anévrisme, Caroline décide de se lancer sur les réseaux sociaux à 57 ans. Elle se rend compte que seules les femmes de moins de 30 ans sont représentées dans les magazines de mode. Son premier engagement a été d'arrêter d'acheter ces journaux.

En 2018, Caroline défile pour la première fois. Si au départ, elle désire arrêter, elle décide finalement de continuer dans sa lancée pour servir d'exemple aux nouvelles générations. Avec sa taille 44, elle détonne, car les femmes de plus de 50 ans qui défilent ou posent sont d'anciens mannequins qui ont gardé leur ligne. Loin des clichés, en osant devenir modèle, Caroline montre autre chose qu'un corps parfait, car vieillir, c'est la vie !

Géraldine Meyer, *France Bleu*, 12/10/2023

a. L'invisibilisation des femmes signifie …
   1. le fait de ne pas montrer de femmes. ☐
   2. le fait de cacher la féminité des femmes. ☐

b. Des messages virulents sont …
   1. de nombreux messages. ☐
   2. des messages violents. ☐

c. Mettre au ban signifie …
   1. exclure. ☐   2. inclure. ☐   3. officialiser. ☐

d. Quel exemple montre que les femmes de plus de 50 ans sont victimes d'âgisme ?
....

e. Quel est l'objectif de Caroline en devenant modèle ?
....

PRODUCTION ÉCRITE

6 Exposez votre avis sur ce projet dans un texte clair et détaillé.

> Votre ville a pour projet de construire une maison intergénérationnelle : une crèche et une maison de retraite dans le même bâtiment. Les personnes âgées et les enfants partageraient leur salle de repas et pourraient se rencontrer lors d'activités développées par le personnel.

ENTRAÎNEMENT AU DALF C1

COMPRÉHENSION ORALE

Exercice 1

🔊 12 Écoutez le document sonore et répondez aux questions, dans les conditions du DALF :

- Prenez 3 minutes pour lire les questions.
- Puis, écoutez le document sonore une première fois.
- Prenez 3 minutes pour commencer à répondre aux questions.
- Écoutez le document sonore une deuxième fois.
- Complétez vos réponses en 5 minutes.

> **Conseils**
> - Lisez bien les questions avant d'écouter l'enregistrement ! Cela vous permettra d'identifier le thème de l'enregistrement, d'en repérer les mots-clés et de concentrer votre écoute sur les points soulevés par les questions. Votre compréhension en sera améliorée, car elle possédera un objectif : répondre aux questions !
> - Les questions sont toujours posées dans l'ordre du discours que vous allez entendre. Vous allez donc entendre les réponses aux questions au fur et à mesure.
> - À l'examen, un espace de brouillon est prévu dans une colonne à droite des questions. Prenez-y des notes : en plaçant vos notes près de la question qui leur correspond, il vous sera plus facile d'y répondre !
> - Même s'il vous manque des détails, ne vous inquiétez pas ! Les propos tenus par les locuteurs sont logiques : les mots-clés importants vous permettent de reconstituer la réponse logique à la question.

a. Dans quel but la jeune fille qui témoigne cherche un rapport au travail différent de ses parents ?
....
....

b. D'après cette émission, dans la culture française, pourquoi l'emploi occupé est considéré comme important ?
  1. Il entraîne la définition sociale de chacun. ☐
  2. Il donne la sensation de participer utilement à la société. ☐
  3. Il est le moteur principal des rencontres interpersonnelles. ☐

c. Selon Céline Marty, quel problème actuel contredit la valeur du travail ?
  1. Le marché du travail laisse peu de place aux jeunes. ☐
  2. Il devient difficile de trouver un emploi fixe ou intéressant. ☐
  3. Certains jugent l'activité professionnelle trop contraignante. ☐

d. Selon Céline Marty, qu'est-ce que la crise écologique entraîne ?
....
....

e. Selon Céline Marty, sur quoi porte la deuxième prise de conscience ?
....
....

f. Selon Céline Marty, qu'a amené la crise sanitaire pour certaines personnes ?
....
....

g. Qu'est-ce que Céline Marty regrette ?
  1. Les médias ne relaient pas assez les préoccupations des personnes. ☐
  2. Les politiques publiques ne s'adaptent pas aux besoins de la société. ☐
  3. Le marché du travail ne remet pas assez en cause son fonctionnement. ☐

h. Comment se passe le choix personnel de travailler moins ?

....

....

i. Que veulent mettre en avant les militants dont parle Céline Marty ?
   1. L'importance sociale des activités de bénévolat. ☐
   2. La possibilité de vivre hors du système consumériste. ☐
   3. Les bénéfices liés à l'augmentation du temps de loisir. ☐

j. Selon Céline Marty, un changement important de la société ...
   1. aura lieu lorsque la société y sera prête. ☐
   2. se met en place peu à peu, de manière discrète. ☐
   3. serait possible si plusieurs conditions étaient réunies. ☐

k. Que soutiennent certaines personnes militantes ?

....

....

PRODUCTION ORALE

Entraînez-vous dans les conditions du DALF : 1 heure pour la préparation.

1 EXPOSÉ

Lisez les deux textes ci-dessous : « La pédagogie par le jeu » et « L'apprentissage par le jeu ».

À partir de ces lectures, préparez un exposé argumentatif de 8 à 10 minutes sur le thème suivant :
« Le jeu : un moyen d'apprentissage à l'école ? ».

Votre exposé devra comporter une introduction et une conclusion et mettre en évidence quelques points importants (3 ou 4 maximum).

Votre exposé n'est pas un compte-rendu des textes. Vous utiliserez leur propos mais développerez une réflexion personnelle.

L'usage de dictionnaires monolingues français / français est autorisé.

Conseils

- L'épreuve de production orale C1 n'est pas une synthèse. Vous devez présenter votre opinion personnelle, de manière organisée et argumentative.
- Les documents vous donneront des idées, des exemples, des pistes de réflexions. Mais l'examinateur attendra aussi que vous introduisiez des idées, commentaires ou exemples qui ne se trouvent pas dans les documents.
- Votre exposé devra suivre une logique claire, bien compréhensible par la personne qui vous écoute. Il faudra ainsi bien montrer le passage d'une idée à une autre.
  Vous organiserez vos idées dans un plan :
  – introduction qui présente le thème, la problématique et le plan ;
  – développement de votre opinion en deux ou trois parties, soutenue par des exemples ;
  – conclusion.
- L'examinateur ne jugera pas (et n'a pas le droit de juger !) votre opinion, vos idées. Il jugera l'organisation de votre exposé, la manière dont vous introduisez, présentez, argumentez et liez vos idées.
- Vous n'aurez pas le temps d'écrire tout votre exposé, et vous devrez parler directement aux examinateurs, et non lire un texte. Sur votre brouillon, vous organiserez un plan, noterez vos idées principales et les exemples et arguments qui les soutiendront. Vous pouvez aussi noter les mots (connecteurs logiques) qui vous permettront de passer clairement d'une idée à une autre.

ENTRAÎNEMENT AU DALF C1

Texte 1 :

LA PÉDAGOGIE PAR LE JEU

[…] Faut-il opposer jeu et apprentissage ? Faut-il intégrer le jeu au sein de l'enseignement traditionnel ? Si oui, comment l'inclure de façon bénéfique et constructive ? […]

La place du jeu au sein de l'enfance et de la société

Depuis de nombreuses années, il y a une opposition nette et claire entre apprentissage et jeu, ces deux termes renvoyant à des activités nettement différentes, voire opposées. Ainsi, alors que l'apprentissage renverrait au sérieux, à la rigueur, à la concentration, à l'effort, le jeu, lui, renverrait au délassement, au divertissement, au plaisir, à une activité sans contrainte et sans conséquence sur la vie. Le jeu serait alors ce qui occuperait le temps libre après une période d'effort, de travail. Un moment de récompense et d'évasion.

Les sociétés occidentales ont donc, dans cette logique, isolé le jeu à des endroits spécifiques, comme la garderie, la maison ou la cour de récréation, lui donnant, par là même, un rôle mineur voire nul dans l'éducation. Celle-ci repose alors sur l'enseignement d'aptitudes, de connaissances pour préparer les élèves aux tests des diplômes. Aussi, les programmes ont favorisé les activités sérieuses, structurées comme l'évaluation au détriment d'activités ludiques et sportives.

Or les recherches ont largement démontré que le jeu est prépondérant durant l'enfance et qu'il représente un aspect primordial du développement physique, intellectuel, émotionnel et social de l'enfant. Le jeu serait une voie naturellement empruntée lors des jeunes années pour explorer le monde environnant et apprendre les normes et valeurs.

Le jeu n'est donc pas anodin, mais bien symbolique et éducatif. Il semblerait alors qu'il ne soit pas si opposé à l'apprentissage et qu'il puisse même être un outil bénéfique à l'éducation. […]

Intégrer le jeu dans la pédagogie permettrait alors de changer l'expérience des enfants face au savoir, créant un rapport positif à l'école et pouvant aider les enfants à progresser avec moins de pression. Ainsi, possédant de nombreux et divers bienfaits lorsqu'il est intégré au cursus scolaire, le jeu devrait faire partie intégrante de l'éducation.

Quels avantages offre la pédagogie par le jeu ?

[…] En fait, le jeu offre un environnement particulièrement propice à la stimulation, rendant les enfants plus motivés, donc plus concentrés et attentionnés, mais aussi plus responsables de leurs actes. Il leur permet de développer leur capacité d'initiatives, d'imagination et de création, sans que ceux-ci dussent produire un effort. Concrètement, le jeu change le rapport que les enfants entretiennent avec le milieu scolaire et introduit des relations plus saines entre camarades, développant le travail d'équipe, la communication et le respect mutuel.

La forme du jeu, qui se veut moins formelle, amène les enfants à prendre confiance en eux. Ils ont moins peur de l'erreur et de l'échec et peuvent explorer et comprendre une situation, un problème, de manière ludique, sans réels risques. Les enfants osent alors plus et arrivent à se surpasser prenant le jeu comme un défi. Mais plus que cela, par l'intermédiaire du jeu, les élèves apprennent à prendre en compte les règles, à s'exprimer, à justifier leurs choix, à argumenter, à clarifier leur logique, donc à perfectionner leur langage.

La pédagogie par le jeu offre également des avantages aux professeurs. Ainsi, ceux-ci peuvent différencier leur pédagogie et l'adapter aux besoins divergents de leurs élèves. Le jeu constitue pour eux, une aide, un outil sur lequel ils peuvent se reposer pour aborder des notions plus complexes. Par exemple, les mathématiques peuvent être présentées aux enfants sous forme de jeu pour éviter tout blocage et gagner leur concentration.

[…] N'oublions pas que la créativité et l'imagination restent un pan important du métier de professeur. Par le jeu, en en fabriquant, en en cherchant, le professeur peut trouver également, à l'instar de ses élèves, un réel plaisir.

Le rôle-clé du professeur

Le professeur des écoles garde, dans la pédagogie du jeu, un rôle-clé. De son approche dépendra l'efficacité de l'apprentissage.

En effet, adopter une pédagogie par le jeu, ce n'est pas donner des jeux aux enfants et les laisser s'amuser, sans intervention. Il faut considérer l'apprentissage ludique comme un moyen de transmettre des connaissances et non comme une possibilité de décharge. Bien au contraire. Le professeur doit donc, durant l'activité garder un rôle actif. […]

Le professeur doit envisager le jeu comme une collaboration entre ses élèves et lui-même. Il doit structurer l'activité pour éviter qu'elle ne soit improductive et demander une certaine exigence, même si celle-ci est moindre que dans le cadre d'une séance d'apprentissage classique. Il doit appuyer sur les points essentiels à retenir et effectuer des bilans collectifs en fin de séance pour récapituler les apprentissages. Il joue le rôle de médiateur, rôle qui, bien loin d'être anodin, se révèle primordial dans l'acquisition de savoir. Il faut donc bien tenir compte de ces missions pour que la pédagogie par le jeu soit efficace et productive. […]

Comment utiliser le jeu en classe ?

Tout d'abord, il faut savoir que le jeu peut être divisé en deux grandes catégories, le jeu libre et le jeu dirigé. Le jeu libre, à savoir lorsqu'on laisse l'enfant jouer avec le jeu sans contrainte ni règle, permet aux enfants de développer des compétences sociales, d'inhiber des comportements impulsifs et d'exprimer leurs émotions. […] Cependant, si le jeu libre offre quelques

…/…

avantages, il ne doit pas être principal car il ne permet pas l'acquisition de connaissances. C'est pourquoi, après le jeu libre doit être programmé un temps de jeu dirigé.

Le jeu dirigé, orienté par le professeur sur un exercice spécifique, où les élèves connaissent les règles, constitue l'aspect principal de l'apprentissage ludique. […]

Le jeu n'est pas la réponse à tout

Malgré tous ces arguments en faveur de l'introduction du jeu en classe, des précautions sont cependant à prendre.

Le jeu n'est pas la réponse à tous les problèmes rencontrés dans le milieu scolaire. Tout d'abord, il semblerait que l'apprentissage par le jeu soit mieux reçu par les enfants provenant des classes aisées que par ceux issus des milieux défavorisés, laissant ceux-ci plutôt en retrait. Ce problème d'écart social, amenant à un rapport différencié à l'école des élèves et donc à une trajectoire différente, n'est malheureusement pas nouveau et continue aujourd'hui de faire débat. […]

Ensuite, le jeu serait moins efficace pour l'apprentissage de nouvelles notions. Il serait donc conseillé d'utiliser le jeu comme une occasion de réactiver des acquis antérieurs dans la résolution d'un problème. […] L'efficacité et pertinence du jeu dans l'éducation dépendent vraiment du professeur, de la manière dont le jeu est introduit et du choix des activités. […] Outil bénéfique, il doit, néanmoins, se pratiquer à des moments précis et préserver un certain niveau d'exigence, sans quoi son efficacité sera moindre.

[…]

https://www.lasalledesmaitres.com/pedagogie-par-le-jeu/

Texte 2 :

L'APPRENTISSAGE PAR LE JEU

[…] Traditionnellement banni des pratiques scolaires, le jeu acquiert ses lettres de noblesse au sein des sciences éducatives. Il semble dès lors intéressant d'associer en classe la pratique du jeu au travail traditionnel. Certains pays l'ont déjà largement exploité au sein de l'école, comme le Danemark, où la pratique du jeu à l'école est explicitement prévue dans les textes de loi.

Pourtant, bon nombre d'écoles ou d'enseignants estiment que le jeu est une pratique vaine qui leur fera perdre du temps et, pire encore, empêcherait de suivre le programme des cours. Erreur et méconnaissance sont donc au rendez-vous et la pratique du jeu semble encore peu répandue dans les écoles classiques. Un constat dû au fait que les enseignants ne sont pas ou peu formés dans ce domaine et à une certaine rigidité dans le monde enseignant.

Comme tout support éducatif, le jeu n'est pertinent que s'il est utilisé à bon escient et avec le respect de ses règles. L'efficacité du jeu sera, en effet, directement liée à la manière et au moment où il sera utilisé auprès des enfants. Il est primordial qu'il soit proposé à des moments biens définis et qu'il soit correctement encadré par un adulte (enseignant, logopède, parent…). Le rôle de l'encadrant est essentiel. À la fois guide et observateur, il est le garant du bon usage du jeu en tant que support pédagogique.[1] Une deuxième condition est le choix du jeu. L'encadrant doit sélectionner des jeux qui permettront de mettre en œuvre les capacités cognitives[2], sociales et créatives auprès des enfants.[3]

L'insertion optimale du jeu comme support pédagogique s'accompagnera donc, d'une part, d'une formation efficiente des enseignants au jeu en classe et, d'autre part, d'une utilisation pertinente du jeu durant le cursus scolaire.

Le jeu permet de stimuler des capacités cognitives fondamentales dans l'évolution de l'enfant. […] Il est, dès lors, précieux d'en reconnaître les vertus afin de l'intégrer efficacement et durablement, tant au sein du cursus scolaire, qu'au niveau de la formation des enseignants.

1. Décolâge – Kit pédagogique : Le jeu, vecteur d'apprentissage ? Oui, mais pas à n'importe quelles conditions!, www.enseignement.be.

2. Capacités cognitives : capacités de raisonnement.

3. « Un mode d'apprentissage efficace », in *Cahiers pédagogiques*, dossier « Le jeu en classe », par Evelyne Vauthier.

https://ligue-enseignement.be/lapprentissage-par-le-jeu

2 ENTRETIEN

Lors du DALF, à la suite de la présentation de votre exposé, le jury vous posera des questions et débattra avec vous sur ce sujet.

Présentez votre exposé à un(e) ou plusieurs camarades et réalisez un petit débat ensemble sur ce sujet.

Puis, écoutez l'exposé d'un(e) camarade. Présentez-lui d'autres arguments pour qu'il/elle développe sa réflexion et réponde à vos questions et réfutations.

Vous pouvez consulter les conseils donnés en page 13.

UNITÉ 4 — L'environnement

LEÇON 1 • Attention, la Terre !

VOCABULAIRE

1 Associez ces deux colonnes pour retrouver les expressions.

a. Les matières
b. Les métaux
c. Le gaz
d. Un pot
e. Un centre

1. rares.
2. de données.
3. à effet de serre.
4. premières.
5. d'échappement.

GRAMMAIRE

2 Corrigez les verbes conjugués si nécessaire.

a. Une majorité de marques produisent plusieurs collections par saison.
b. L'ensemble des consommateurs pensent qu'il faudrait augmenter le bonus réparation.
c. La plupart des industriels sont membres du label Green.
d. La majorité des membres de la COP ont voté contre cette réglementation.
e. Un grand nombre de questions se posent.

3 Conjuguez les verbes entre parenthèses au présent et avec le bon accord.

a. La plupart des débris spatiaux .... (*être*) en orbite.
b. C'est inédit, une dizaine de marsouins .... (*nager*) au large des côtes.
c. Une partie des vêtements .... (*rester*) sur place.
d. Ce groupe de manifestants .... (*chercher*) à rencontrer les députés.
e. La totalité des abeilles .... (*risquer*) de disparaître s'il n'y a pas de changement drastique.

COMPRÉHENSION ORALE

4 🔊 13 Écoutez et répondez aux questions.

a. La sobriété numérique est …
   1. le fait d'arrêter de produire des appareils connectés. ☐
   2. le fait de réduire sa consommation d'appareils connectés. ☐

b. Les objets connectés consomment beaucoup d'énergie pour …

....

c. Les impacts environnementaux du numériques sont les impacts en CO_2 et …
   1. les gaz à effet de serre. ☐
   2. l'accès aux matières et à leur extraction. ☐

d. Quels sont les deux gestes essentiels à faire selon Romuald Ribault ?

....

e. Comment peut-on allonger la durée de vie d'un appareil ?

....

COMPRÉHENSION ÉCRITE

5 Lisez le texte et répondez aux questions.

Vestiaire Collective arrête la vente de vêtements de « fast-fashion » de seconde main, nos lecteurs mitigés

La première plateforme mondiale de revente de mode de luxe a annoncé, le 16 novembre, dans un communiqué de presse, sa nouvelle initiative visant à lutter contre la *fast-fashion*. Cette initiative s'inscrit dans la continuité de l'engagement du site pour une économie circulaire, annoncé en 2022, soulignant la volonté de sensibiliser davantage ses clients à travers une consommation éthique. Vestiaire Collective a sollicité neuf experts en mode durable pour définir de manière précise les marques de *fast-fashion* qu'il souhaite bannir. Cinq critères ont émergé : les bas prix, le taux de renouvellement élevé, la largeur de la gamme de produits, la rapidité de mise sur le marché et les promotions récurrentes des marques. Ces éléments ont conduit à l'établissement d'une liste de 30 marques de *fast-fashion* qui ont été bannies du site. Face aux 92 millions de tonnes de déchets textiles produits chaque année, Vestiaire Collective reconnaît que l'interdiction seule de ses marques ne suffit pas. Alors, la plateforme a lancé un parcours éducatif pour ses acheteurs et vendeurs afin de sensibiliser à des pratiques alternatives, encourageant une réflexion critique sur les habitudes de consommation.

Les réactions des clients de la plateforme de seconde main sont mitigées. Certains saluent l'initiative, tandis que d'autres expriment des réserves.

Prune, participante à un sondage de *20 Minutes*, souligne les contraintes financières qu'implique ce genre de décision : « Je n'ai pas les moyens d'être éthique, même si je le voulais. Je cherche des produits à 2 ou 3 €, les frais de port pesant déjà lourd dans la balance. Quant à l'argument "la qualité résiste au temps"… Mon fils change de taille au moins une fois par an, il n'a même pas le temps de les user ! Pour moi, il faut avoir les moyens pour avoir ce genre de réflexions. »

Pourtant, certains voient d'un bon œil cette nouvelle orientation comme Charles-Aymeric, client régulier du Vestiaire Collective : « Je pense qu'il s'agit d'une bonne idée. J'utilise les applications de seconde main comme Vestiaire Collective pour acheter des vêtements issus de collections spécifiques, dans un but de collection et de conservation. Les vêtements qui proviennent de la *fast-fashion* encombrent un peu le catalogue et compliquent la recherche. Sur les plateformes de seconde main, les vêtements issus de la *fast-fashion* paraissent déjà assez usés. Peut-être que l'interdiction de revendre les vêtements de *fast-fashion* permettra de réguler l'achat de ce genre de vêtements. »

Malgré ces opinions divergentes, Vestiaire Collective reste engagé dans sa démarche écologique. La plateforme souhaite encourager ses vendeurs à adopter des pratiques durables telles que l'upcycling, l'échange, le don et le recyclage de leurs vêtements issus de la *fast-fashion*, plutôt que de les revendre. Une étape de plus dans la lutte pour une mode plus respectueuse de l'environnement.

Léa Zacsongo-Joseph, *20 Minutes*, 24/11/2023

a. Quelle mesure mise en place par Vestiaire Collective a pour objectif de lutter contre la *fast-fashion* ?

b. Quels sont les cinq critères définis pour identifier les marques de *fast-fashion* ?

c. La réaction des clients de la plateforme est …
1. enthousiaste. ☐ 2. partagée. ☐ 3. sceptique. ☐

d. Quelles pratiques durables sont mises en avant par la plateforme ?

PRODUCTION ÉCRITE

6 Vous recevez ce message d'un(e) ami(e). Vous lui répondez en lui donnant des conseils de manière claire et détaillée.

> Coucou toi !
> J'espère que tu vas bien.
> Je dois déménager la semaine prochaine mais je n'en peux plus de faire des cartons ! Je me rends compte que j'ai vraiment beaucoup trop de choses et surtout beaucoup trop d'habits. Je ne sais plus comment m'organiser. Il faudrait que je trie, que je jette, que je donne ou que je vende ? Qu'est-ce que tu en penses ? Je me rends compte que d'avoir 10 pulls noirs, c'est peut-être exagéré ! Ne me juge pas s'il te plaît, mais aide-moi !
> Je t'embrasse et te souhaite une bonne journée.
> À très vite !

UNITÉ 4

LEÇON 2 • Pour vivre sur Terre...

VOCABULAIRE

1 **Complétez les phrases avec les mots suivants. Faites les accords nécessaires.**
déforestation – nocif – transgénique – cancérigène – transition

   a. En France, le ministère de l'Écologie a été rebaptisé ministère de la .... écologique.

   b. L'alcool est particulièrement .... pour la santé physique et mentale.

   c. Les perturbateurs endocriniens contenus dans le plastique sont très ....

   d. Les peuples autochtones luttent pour préserver leur habitat naturel en s'opposant à la ....

   e. Les industriels vont devoir informer le consommateur de l'utilisation de maïs .... dans leurs produits.

GRAMMAIRE

2 **Conjuguez les verbes entre parenthèses à l'indicatif ou au subjonctif.**

   a. Il doit arroser en attendant que la pluie .... (*revenir*).

   b. Ils ramassent les déchets à chaque fois qu'ils .... (*aller*) à la plage.

   c. Une fois que les consommateurs .... (*comprendre*) l'importance de la seconde main, les marques de *fast-fashion* perdront de leur attrait.

   d. Ils n'ont plus d'excuse maintenant que le réchauffement climatique .... (*être*) reconnu par le monde scientifique.

   e. La déforestation aura lieu jusqu'à ce que les gouvernements .... (*vouloir*) faire voter des lois plus strictes.

3 **Complétez les phrases suivantes.**

   a. Je trouvais que la langue française était facile à étudier jusqu'au moment où ....

   b. Je suis en train de travailler tandis que mes amis ....

   c. Je me marierai aussitôt que ....

   d. J'aimerais voyager avant que ....

COMPRÉHENSION ORALE

4 🔊 **14 Écoutez et répondez aux questions.**

   a. Le miel peut d'après les chercheurs servir de ...
      1. composant plus écologique. ☐
      2. composition plus écologique. ☐

   b. Le miel est biodégradable, cela signifie qu' ...
      1. il provient de la culture biologique. ☐
      2. il se décompose naturellement. ☐

   c. Qu'est-ce qu'un « memristor » ?
   ....
   ....

   d. Quel est l'objectif de la production de « memristor » ?
   ....
   ....

Unité 4 • L'environnement

COMPRÉHENSION ÉCRITE

5 Lisez le texte et répondez aux questions.

Revaloriser les mégots de cigarette, la solution écologique et innovante de TchaoMégot

« On jette près de 25 000 tonnes de mégots de cigarette chaque année en France ; ça représente quasiment trois fois le poids de la tour Eiffel », affirme Julien Paque, le créateur de TchaoMégot. Un constat alarmant qui le pousse à s'attaquer à cette pollution généralisée, avant même la fin de ses études en conception mécanique au sein de l'École des hautes études d'ingénieur (HEI) de Lille. « J'ai réalisé mon stage de fin d'études dans ma propre entreprise. L'école m'a dit qu'il fallait que j'aie une structure juridique qui porte mon stage, donc je suis devenu mon propre tuteur en créant ma société. »

Après quatre mois de pure recherche et développement, le jeune homme met en place un processus capable de séparer du reste les substances toxiques présentes dans un mégot de cigarette, sans utiliser d'eau ni de solvant toxique. « On arrive à récupérer 99,7 % de la fibre propre dans la cuve et les 0,3 % des substances toxiques de l'autre côté », détaille l'ingénieur. Une étape clé du business plan de TchaoMégot, qui ne le limite toutefois pas à la dépollution du filtre usagé des cigarettes. « On a plusieurs activités aujourd'hui ; la sensibilisation auprès des fumeurs, la collecte et le recyclage de mégots, et enfin leur revalorisation en matériaux isolants pour le bâtiment ou le rembourrage textile », explique Julien Paque. Un système encore complexe, mais qui tend à se fluidifier pour être facilement réplicable.

La start-up, qui compte aujourd'hui 20 personnes dans ses effectifs et réalise 1,6 million d'euros de chiffre d'affaires, se doit d'être efficace sur chacune des étapes de la chaîne de revalorisation des mégots. Elle soigne tout particulièrement ses actions de communication auprès de sa cible : les entreprises et les collectivités. « En fait, le fumeur, il est partout. Néanmoins, on se voit mal lui demander de payer pour valoriser ses déchets. En revanche, une entreprise ou une collectivité peut contribuer financièrement, notamment parce qu'elle est soumise à des réglementations de développement durable. » C'est pourquoi l'entreprise conçoit des solutions clé-en-main à destination de ses clients : cendriers dont le design interpelle sur le recyclage pour mieux collecter les mégots, affiches de sensibilisation, etc. Des contrats qui assurent la récupération suffisante de matériaux à valoriser, tout en permettant une rentrée d'argent en continu.

Emma-Louise Chaudron, bigmedia.bpifrance.fr, 01/08/2023

a. Où est-ce que Julien Paque a effectué son stage de fin d'études ?

b. Quel processus met en place Julien Paque ?

c. Quelles sont les diverses activités de TchaoMégot ?

d. Le système de TchaoMégot tend à se fluidifier pour être réplicable, cela signifie que …
  1. Julien Paque souhaite que son entreprise reproduise son modèle dans d'autres structures. ☐
  2. Julien Paque souhaite que son entreprise reproduise en nombre les mégots recyclés. ☐

e. Quelle est la cible de TchaoMégot ?

PRODUCTION ÉCRITE

6 Les voitures interdites dans les centres-villes ? Développez un argument pour et un argument contre de manière claire et détaillée.

UNITÉ 4

LEÇON 3 • Et si nous y réfléchissions ?

VOCABULAIRE

1 Associez ces deux colonnes pour retrouver les expressions.

a. Tirer
b. Le système
c. La nature
d. Le développement
e. Un mode

1. humaine.
2. durable.
3. la sonnette d'alarme.
4. de vie.
5. bancaire.

GRAMMAIRE

2 Soulignez la forme correcte.

a. À cette époque, les écologistes affirmaient que l'énergie renouvelable **est / était** la seule alternative.

b. À ce sujet, le chercheur a ajouté que les avancées scientifiques **donneront / donneraient** des résultats assez rapides et efficaces.

c. Nous avons appris que la canicule **sera / allait être** de plus en plus longue chaque été.

d. Pourquoi avez-vous déclaré que la COP n'**a servi / avait servi** qu'à rassurer les éco-anxieux ?

e. Lorsque que le Ministre a répondu que tous les Français **devront / devraient** faire un effort, il a été hué.

3 Conjuguez les verbes entre parenthèses au temps qui convient.

a. Ce rapport a indiqué que l'agriculture intensive .... (*menacer*) les écosystèmes.

b. Hier, l'ordre des médecins a fait savoir que les médicaments .... (*devoir*) être recyclés automatiquement.

c. Suite à cet événement tragique, les médias nous ont informés que nous ne .... (*pouvoir*) plus boire de l'eau du robinet pour le moment.

d. Cette biologiste a déclaré que cette découverte .... (*changer*) le monde de l'agriculture.

COMPRÉHENSION ORALE

4 🔊 15 Écoutez et répondez aux questions.

a. La première source d'inégalité des Français est …
  1. leur origine. ☐
  2. leur genre. ☐
  3. leur lieu de vie. ☐

b. Pour lutter contre les discriminations de territoire, le CESE propose que …
  1. les politiques publiques mettent en place des actions écologiques. ☐
  2. les politiques publiques mettent en lien demandeurs d'emploi et recruteurs. ☐

c. Quels sont les métiers qui vont beaucoup recruter dans les années à venir ?
....

d. Que signifie une fracture générationnelle ?
  1. Une différence entre tranches d'âge. ☐
  2. Un conflit de générations. ☐

e. Quel est le seul frein à la volonté des Français à agir pour l'environnement ?
....

COMPRÉHENSION ÉCRITE

5 Lisez le texte et répondez aux questions.

La silphie, une plante résistante à la sécheresse se veut comme une alternative au maïs pour les agriculteurs de l'Isère

C'est un champ comme il est rare d'en voir en ce mois de juillet 2022. Un champ où les plantes atteignent les trois mètres à certains endroits, où les plantes sont fleuries et colorées : « Cette parcelle, je l'ai ensemencée en mai 2021, c'est la première année de production, et malgré la sécheresse elle se développe très rapidement et elle reste verte », affirme Valentin, agriculteur à Sainte-Anne-sur-Gervonde, dans le nord de l'Isère.

Cette plante, c'est la silphie, elle suscite la curiosité, mais surtout l'espoir chez les agriculteurs touchés de plein fouet cette année par la sécheresse.

Valentin Joly a décidé d'exploiter cette plante comme une alternative au maïs, car elle possède de nombreuses qualités : « Les avantages de cette plante comparée à un maïs, elle ne demande qu'une seule plantation, elle ne demande aucun entretien au niveau des produits phytosanitaires, elle est très peu gourmande en eau et résiste mieux que le maïs aux périodes de sécheresse et de canicule. »

Et paradoxalement, la silphie peut également tenir deux mois et demi les pieds dans l'eau et résiste aux températures extrêmes, « jusqu'à -20 degrés », précise l'agriculteur.

Aujourd'hui, Valentin récolte sa silphie pour alimenter les 60 vaches de son troupeau.

Si les champs de maïs ne sont pas tous remplacés par la silphie aujourd'hui, c'est parce qu'elle est peu connue mais aussi parce qu'elle a un coût, entre 1500 euros et 1800 euros pour un hectare. Valentin s'est d'ailleurs associé avec deux autres agriculteurs du département. Au total, à eux trois ils possèdent 5,7 hectares de champs de silphie.

Un investissement sur le long terme car une fois qu'elle est implantée, la culture ne se ressème pas : « C'est une plante que l'on appelle pérenne, elle se sème qu'une fois, elle part en dormance l'hiver et au printemps elle reprend sa reprise végétative et repart en floraison chaque année. »

Avant de conclure : « Par rapport au prix d'achat, c'est un investissement conséquent au départ, mais ramené sur une quinzaine d'années, ça équivaut à une semence de maïs basique, explique l'agriculteur, mais avec aucun entretien phytosanitaire avec un tout petit peu d'entretien d'engrais minérale ou organique, mais pour une alimentation de troupeau, on peut largement s'y retrouver sur une dizaine d'années. »

Malgré son coût élevé, avec le réchauffement climatique, cette plante a tous les atouts pour devenir une culture d'avenir.

J.M avec Chloé Nivard, Fance Info
(France 3 Auvergne-Rhône-Alpes), 31/07/2022

a. Le problème de culture est dû à …
   1. la déforestation. ☐
   2. l'éco-anxiété. ☐
   3. la sècheresse. ☐

b. Que signifie de plein fouet ?
   1. Sans violence. ☐
   2. Durement. ☐
   3. Certainement. ☐

c. Quels sont les avantages cités de la silphie ?
   ....
   ....

d. La silphie n'est pas plus répandue à cause de …
   1. la sécheresse. ☐
   2. son prix. ☐
   3. sa culture. ☐

e. Une plante pérenne est une plante …
   1. dont le coût est élevé. ☐
   2. que l'on ne plante qu'une fois. ☐
   3. qui demande beaucoup d'eau. ☐

PRODUCTION ÉCRITE

6 Exposez votre avis dans un texte clair et détaillé.

> De nombreux Français décident de changer radicalement : reconversion, retour aux métiers manuels, retour à la terre et à la nature ou mode de vie plus écoresponsable. Et vous ? Pourriez-vous changer de vie ?

ENTRAÎNEMENT AU DALF C1

COMPRÉHENSION ORALE

Exercice 1

🔊 16 Écoutez le document sonore et répondez aux questions, dans les conditions du DALF :

- Prenez 3 minutes pour lire les questions.
- Puis, écoutez le document sonore une première fois.
- Prenez 3 minutes pour commencer à répondre aux questions.
- Écoutez le document sonore une deuxième fois.
- Complétez vos réponses en 5 minutes.

> **Conseils**
> - Lisez bien les questions avant d'écouter l'enregistrement ! Cela vous permettra d'identifier le thème de l'enregistrement, d'en repérer les mots-clés et de concentrer votre écoute sur les points soulevés par les questions. Votre compréhension en sera améliorée, car elle possédera un objectif : répondre aux questions !
> - Les questions sont toujours posées dans l'ordre du discours que vous allez entendre. Vous allez donc entendre les réponses aux questions au fur et à mesure.
> - À l'examen, un espace de brouillon est prévu dans une colonne à droite des questions. Prenez-y des notes : en plaçant vos notes près de la question qui leur correspond, il vous sera plus facile d'y répondre !
> - Même s'il vous manque des détails, ne vous inquiétez pas ! Les propos tenus par les locuteurs sont logiques : les mots-clés importants vous permettent de reconstituer la réponse logique à la question.

a. Selon Valérie Plante, quel est l'intérêt des réunions entre grandes villes ?

....
....

b. Concernant le rôle des villes face aux enjeux climatiques, Valérie Plante pense qu' ...
   1. il est plus exemplaire que celui des États. ☐
   2. il dépend de la place que leur accordent les États. ☐
   3. il entre toujours en opposition avec les décisions des États. ☐

c. Selon Valérie Plante, quelle est la volonté des villes face aux défis environnementaux ?

....
....

d. Que constate Valérie Plante dans les nécessités rencontrées par chaque ville ?

....
....

e. D'après Valérie Plante, qu'a engendré le modèle urbain sur lequel est basée la ville de Montréal ?
   1. Un bilan carbone bien supérieur à la moyenne. ☐
   2. Un financement très coûteux des structures routières. ☐
   3. Une trop longue dépréciation des transports en commun. ☐

f. Qu'est-ce qui est paradoxal dans la réaction des habitants de Montréal à la nouvelle politique concernant les transports ?

....
....

g. Quelles sont les particularités de Montréal concernant le vélo ?

....
....

h. Concernant quel projet Valérie Plante se sent soutenue par les habitants de Montréal ?

....

....

i. En quoi consiste l'idée d'un quartier vert ?

....

....

j. Que constate Valérie Plante concernant la population de Montréal ?
1. Elle est honorée de tester des solutions innovantes. ☐
2. Elle est active dans les propositions de nouveaux projets. ☐
3. Elle est volontaire pour remettre en cause ses habitudes de vie. ☐

PRODUCTION ÉCRITE

Entraînez-vous dans les conditions du DALF : réalisez ces deux exercices en 2 h 30.

1 Synthèse de documents

En 220 mots, écrivez une synthèse des deux textes ci-dessous : « L'empreinte environnementale de l'économie numérique menace la planète » et « La plupart des gens ne font aucun lien entre numérique et environnement ». Votre synthèse présentera les arguments principaux des documents, rédigés avec vos propres mots et selon une nouvelle organisation logique et cohérente. Vous ne pouvez pas intégrer de commentaires ni d'idées personnelles. Vous pouvez réutiliser les mots-clés des documents, mais pas des phrases entières.

> **Conseils**
> - Dégagez dans chaque texte les idées principales, puis organisez-les dans un texte cohérent, du nombre de mots indiqués (220 mots). Votre synthèse devra combiner les idées présentes dans chacun des textes et non suivre leur ordre.
> - Attention à ne pas vous laisser prendre par les détails : ce sont les idées principales qui sont importantes.
> - Écrivez votre synthèse avec vos propres mots. Vous reprendrez les mots-clés des textes, mais vous ne pouvez pas utiliser de phrases issues des textes.
> - Vous devez rester neutre : ne donnez pas votre opinion, n'ajoutez pas de commentaires ou d'informations.
> - Pour compter les mots utilisés : un mot est situé entre deux espaces. Ainsi : « c'est-à-dire » = un mot ; « il va bien » = trois mots ; « que pouvons-nous faire ? » = trois mots.

Texte 1 :

L'empreinte environnementale de l'économie numérique menace la planète

Au cours de la dernière décennie, la société moderne a porté beaucoup d'attention aux promesses de l'économie numérique. Par contre, son impact négatif sur l'environnement a très peu été mentionné.
Nos téléphones intelligents utilisent des métaux de terre rare tandis que l'infonuagique[1], les centres de données[2], l'intelligence artificielle et les cryptomonnaies consomment de grandes quantités d'électricité, souvent produite par le charbon. […] Sans intervention urgente sur l'ensemble de ce système, l'économie numérique sera incompatible avec une économie verte, ce qui entraînera une augmentation des gaz à effet de serre et l'accélération des changements climatiques, présentant une menace sérieuse pour l'humanité. […]

Le charbon est toujours roi
Les éléments de terre rare constituent la colonne vertébrale des technologies digitales modernes, depuis les tablettes et les téléphones intelligents jusqu'aux téléviseurs et aux voitures électriques. […] Cette production à grande échelle soulève de graves inquiétudes quant à l'émission de métaux lourds et de matériel radioactif dans l'eau, le sol et l'air près des sites d'extraction.
La recherche sur le cycle de vie des minéraux de terre rare a démontré que la production de ces métaux est insoutenable du point de vue de l'environnement, car elle consomme des quantités énormes d'énergie et émet de la radioactivité.

…/…

ENTRAÎNEMENT AU DALF C1

On dit parfois que l'univers numérique (y compris le nuage) commence avec le charbon parce que les communications digitales requièrent une infrastructure physique immense et répartie partout, qui consomme de l'électricité. Et le charbon est l'une des principales sources d'électricité et l'un des principaux agents contributeurs aux changements climatiques. […]

Les dévoreurs d'énergie

Les centres de données – ces entrepôts qui abritent d'énormes quantité d'information – consomment environ trois pour cent de la production mondiale d'électricité, soit plus que le Royaume-Uni au complet. Ces centres produisent deux pour cent des gaz à effet de serre, soit l'équivalent de tout le trafic aérien à l'échelle mondiale. […]

Les gaz à effet de serre ne sont pas la seule forme de pollution qui doive nous inquiéter. […] Globalement, le monde produit quelque 50 millions de tonnes de déchets électroniques par année, d'une valeur de 62,6 milliards de dollars américains, soit plus que le PIB de la plupart des pays. Seulement 20 pour cent de ces déchets sont recyclés.

En ce qui concerne l'intelligence artificielle (IA), des recherches récentes ont démontré que l'entraînement d'un grand modèle d'IA, c'est-à-dire l'influx dans un ordinateur de grandes quantités de données et la demande de prédictions, peut émettre l'équivalent de 284 tonnes de dioxyde de carbone, soit cinq fois les émissions de la durée de vie d'une voiture américaine moyenne. L'empreinte numérique de l'IA constitue un problème croissant. […]

Penser différemment

L'économie numérique se développe plus vite que les mesures prises visant à en contrer les effets négatifs. Il est donc nécessaire de commencer à penser différemment.

Les problèmes ne se présentent pas de façon linéaire. Nous devons continuer d'alerter l'opinion, promouvoir un leadership qui déborde les frontières ainsi qu'une économie circulaire […] et une approche éco-économique (une économie durable).

Nous devons également faire l'inventaire des dommages locaux et globaux causés par les appareils et plateformes électroniques ainsi que les systèmes de données.

Afin de faire avancer la discussion, il nous faut placer le monde sur une trajectoire durable. On ne doit pas seulement se demander ce que l'économie numérique peut faire pour nous, mais ce que nous pouvons faire collectivement pour que l'économie numérique soit bonne pour l'environnement.

Raynold Wonder Alorse, *The Conversation* (traduit de l'anglais)

1. l'infonuagique / le nuage : aussi appelé les « clouds », les plateformes de stockage de contenu en ligne.
2. les centres de données : aussi appelé les « data centers », lieux physiques où sont stockées les données accessibles en ligne.

Texte 2 :

Françoise Berthoud : « La plupart des gens ne font aucun lien entre numérique et environnement »

Françoise Berthoud, ingénieure au CNRS et fondatrice d'ÉcoInfo, un groupement de services pour étudier l'impact des nouvelles technologies sur la société, alerte sur la hausse de nos consommations numériques et de leur impact environnemental.

La Croix : Depuis l'émergence du sujet dans le débat public […], la question de la pollution numérique évolue-t-elle dans le bon sens ?

Françoise Berthoud : Non. […] Aujourd'hui, le numérique est partout, à tel point qu'il rend tous les secteurs interdépendants […]. L'autre aspect, c'est que le numérique joue un rôle d'accélérateur de tous les flux, humains, matériels, financiers. Il contribue donc à l'accroissement des impacts, à sa manière. Il n'est pas étonnant que nous n'allions pas dans le sens d'une réduction de nos émissions. Qu'il s'agisse de trading à haute fréquence, de recevoir ses achats […] en 24 heures ou de se faire livrer un repas en quinze minutes, tout concourt à ce que nous n'y arrivions pas.

Enfin, le numérique accélère l'obsolescence directe, mais aussi l'obsolescence indirecte. C'est-à-dire que vous êtes amenés à remplacer des appareils encore fonctionnels pour des raisons, par exemple, de compatibilité avec d'autres appareils plus récents. Ce qui augmente évidemment nos impacts environnementaux. De manière générale, les effets induits du numérique sont vraisemblablement bien supérieurs à ses effets propres.

Pourtant, les grandes entreprises du Net communiquent beaucoup sur leurs efforts. […]

F. B. : C'est vrai que des efforts ont été faits […]. Certes, il y a un moindre accroissement de la consommation d'ordinateurs, téléphones et tablettes, mais à côté, les ventes d'objets connectés explosent. Et comme ces équipements sont de plus en plus performants, leur fabrication a un impact de plus en plus élevé. Aujourd'hui, un smartphone contient cinquante métaux rares, qui sont nécessaires pour

…/…

mettre en œuvre de nouvelles fonctionnalités. Il faut arrêter de penser que tout cela est dématérialisé.

Peut-on imaginer d'en sortir un jour ?
F. B. : Je n'y crois pas du tout, en tout cas pas de manière volontaire. Rien que le fonctionnement du système économique l'empêcherait. Je suis moins pessimiste sur notre capacité d'imaginer un Internet plus résilient, plus localisé, avec une obsolescence moins rapide des équipements. En revanche, je ne crois pas en notre capacité d'anticiper. Bien sûr, il y a des initiatives et des volontés de le faire, mais cela reste très marginal. Et je crains que cela ne se développe pas tant que nous aurons l'illusion qu'il n'y a pas de problème.

Pourquoi le numérique reste-t-il dans l'angle mort d'une prise de conscience écologique qui semble pourtant progresser ?
F. B. : Cela bouge, je le vois dans les sollicitations qui me sont adressées, les demandes de conférence… Mais cela reste dans le petit milieu privilégié de l'enseignement supérieur et de la recherche. La plupart des gens ne font aucun lien entre le numérique et son impact environnemental. Cela leur semble aussi naturel que l'électricité.
Aujourd'hui, la quantité de données dans le monde augmente de 25 % par an. Et ce n'est pas parce que l'Afrique ou l'Asie accèdent à une meilleure connexion, c'est parce que les gens ici veulent regarder des vidéos en 4K avec leur téléphone. […]

Pourtant, beaucoup de spécialistes affirment que les capacités du réseau augmentent plus vite que le volume des données…
F. B. : Cela a presque toujours été vrai jusqu'à présent, comme cela a été vrai jusqu'à récemment avec la taille des processeurs. Sauf que ces chercheurs omettent l'effet rebond. Avec la 5G par exemple, regarder une vidéo aura, unitairement, moins d'impact énergétique. Sauf que le déploiement de la 5G va augmenter la consommation des utilisateurs, qui regarderont plus de vidéos, en plus haute définition… Et cet effet, on ne l'anticipe jamais assez.

Comment mettre en œuvre, concrètement, une plus grande « sobriété technologique » dans sa vie quotidienne ?
F. B. : Vous pourriez ne pas avoir de smartphone, mais avoir un Nokia de base, sur lequel vous ne pourrez pas regarder de vidéos, et dont la fabrication a beaucoup moins d'impact sur l'environnement. Vous pouvez aussi acheter un ordinateur d'occasion, ou alors en acheter un neuf en veillant à ce qu'il dure le plus longtemps possible.
Mais la sobriété, ça ne s'improvise pas sur un secteur donné, c'est un état d'esprit pour l'ensemble de la vie. La sobriété appliquée uniquement au numérique n'a pas de sens. Si vous adoptez la sobriété, vous en viendrez naturellement à l'appliquer au numérique. À condition, bien sûr, d'être conscient de son impact…

Gauthier Vaillant, *La Croix*, 24/07/2019

2 Essai argumenté

Écrivez un texte argumentatif de 250 mots minimum sur ce sujet :

Pour le magazine de votre université, vous participez à la rédaction d'un dossier sur le thème de la pollution numérique. Vous rédigez un article à ce sujet, dans lequel vous expliquez que le numérique fait tellement partie de nos vies que les solutions durables semblent dérisoires. Vous argumentez sur les efforts collectifs et individuels qui devraient être faits pour réduire l'impact du numérique.

Conseils
- Contrairement à la synthèse (exercice 1 de l'épreuve de production écrite au DALF C1), dans l'essai argumenté (exercice 2 de l'épreuve de production écrite au DALF C1), vous développerez votre point de vue. Il suivra un déroulement logique, avec une introduction, une conclusion, une progression cohérente et des arguments soutenus par des exemples.
- Le sujet portant toujours sur le même thème que la synthèse, vous pouvez utiliser les textes lus pour soutenir votre propos (exemples, références, idées…).
- Respectez bien le sujet : il oriente votre point de vue et vous donne un contexte, un rôle (ex. : vous êtes un journaliste, un lecteur, un économiste, un parent d'élève…) qui implique un registre de langue, un ton et un objectif (convaincre, critiquer, réfuter…). Cette adéquation au sujet est notée à l'examen.

UNITÉ 5 — Les progrès scientifiques

LEÇON 1 • La science, entre peur et fascination

VOCABULAIRE

1 Devinettes. Retrouvez le mot correspondant à chaque définition.
   a. C'est un(e) chercheur/chercheuse qui étudie et analyse les caractères héréditaires des êtres vivants à travers leur génome qui est codé dans leur ADN. C'est un(e) ....
   b. C'est un(e) chercheur/chercheuse dans le domaine des mathématiques, il/elle peut être algébriste, analyste, géomètre... C'est un(e) ....
   c. C'est un(e) scientifique qui étudie le champ de la physique, c'est-à-dire la science analysant les constituants fondamentaux de l'univers et les forces qui les relient. C'est un(e) ....
   d. C'est un(e) scientifique qui étudie les organismes vivants ainsi que leurs constituants et leurs interactions avec leur environnement. C'est un(e) ....

GRAMMAIRE

2 Choisissez la bonne conjugaison.
   a. Si le jeunisme perdure, les chirurgiens plastiques **pourront / pourraient** augmenter leur patientèle.
   b. Si la génétique progressait plus vite, on **détectera / détecterait** plus systématiquement les mutations génétiques entraînant des cancers.
   c. Si les scientifiques **trouvent / trouvaient** un nouveau vaccin, la maladie régressera de manière significative.
   d. Si tu travailles ta mémoire, ton cerveau **vieillira / vieillirait** mieux grâce à la stimulation.

3 Conjuguez les verbes entre parenthèses au temps qui convient.
   a. Si les scientifiques continuent dans cette voie, il .... (*falloir*) légiférer pour réguler l'utilisation de cette découverte.
   b. Si ce médicament existait réellement, on en .... (*vendre*) en grande quantité.
   c. Si les chercheurs tiennent leurs promesses, le remède .... (*devoir*) être lancé dès l'année prochaine.
   d. Si l'ADN de chacun pouvait être analysé, on .... (*guérir*) de nombreuses maladies.

COMPRÉHENSION ORALE

4 🔊 17 Écoutez et répondez aux questions.
   a. L'organisme signifie ...
      1. le corps humain. ☐
      2. l'ensemble des êtres animés. ☐
      3. l'ensemble des organes qui constituent un être vivant. ☐
   b. Pourquoi les chercheurs ont-ils choisi l'intestin comme organe à étudier ?
      1. Car c'est un organe qui vieillit précocement. ☐
      2. Car c'est un organe qui vieillit relativement lentement. ☐
      3. Car c'est un organe qui est une stratégie anti-âge. ☐
   c. Qu'est-ce que les télomères d'après la journaliste ?
   ....
   d. Pourquoi les scientifiques ont-ils choisi le poisson zèbre comme cobaye pour leurs tests ?
   ....

COMPRÉHENSION ÉCRITE

5 Lisez le texte et répondez aux questions.

Le futur télescope géant européen permettra de résoudre certains des plus grands mystères de la science

Aujourd'hui, un grand groupe d'astronomes du monde entier construit au Chili le plus grand télescope optique jamais construit, le « Extremely Large Telescope » (ELT). Une fois sa construction achevée en 2028, il pourrait apporter des réponses qui transformeront notre connaissance de l'univers. Avec son miroir primaire de 39 mètres de diamètre, l'ELT contiendra la surface réfléchissante la plus grande et la plus parfaite jamais réalisée. Son pouvoir de collecte de la lumière dépassera celui de tous les autres grands télescopes réunis, ce qui lui permettra de détecter des objets des millions de fois moins lumineux que ce que l'œil humain peut voir. Plusieurs raisons expliquent la nécessité d'un tel télescope. Son incroyable sensibilité lui permettra d'observer certaines des premières galaxies jamais formées, dont la lumière a voyagé pendant 13 milliards d'années avant d'atteindre le télescope. L'observation d'objets aussi lointains pourrait nous permettre d'affiner notre compréhension de la cosmologie et de la nature de la matière noire et de l'énergie noire.

L'ELT pourrait également apporter une réponse à la question la plus fondamentale qui soit : sommes-nous seuls dans l'univers ? L'ELT devrait être le premier télescope à repérer des exoplanètes de type terrestre, c'est-à-dire des planètes en orbite autour d'autres étoiles mais dont la masse, l'orbite et la proximité par rapport à leur hôte sont similaires à celles de la Terre. Occupant la zone dite de Boucles d'or, ces planètes semblables à la Terre orbiteront autour de leur étoile à la bonne distance pour que l'eau ne puisse ni bouillir ni geler, créant ainsi les conditions nécessaires à l'existence de la vie.

Grâce aux missions satellites précédentes, les astronomes ont déjà une bonne idée de l'endroit où chercher des exoplanètes dans le ciel. En effet, plusieurs milliers d'exoplanètes confirmées ou candidates ont été détectées à l'aide de la méthode des transits. Dans ce cas, un télescope spatial observe une portion de ciel contenant des milliers d'étoiles et recherche de minuscules baisses périodiques de leur intensité, provoquées par le passage d'une planète en orbite devant son étoile.

Le coût de construction de l'ELT s'élevant à 1,45 milliard d'euros, certains s'interrogeront sur la valeur du projet. Mais l'astronomie a une importance qui s'étend sur des millénaires et transcende les cultures et les frontières nationales. Ce n'est qu'en regardant bien au-delà de notre système solaire que nous pouvons avoir une perspective au-delà du présent.

Derryck Telford Reid, *The Conversation*, traduit sur atlantico.fr

a. Quelles sont les spécificités du télescope ELT ?
....
....

b. Pourquoi le télescope ELT est-il nécessaire aux scientifiques ?
....
....

c. Qu'est-ce qu'une exoplanète ?
  1. Une planète ayant des traces de vie. ☐
  2. Une planète de notre système solaire ayant les mêmes spécificités que la Terre. ☐
  3. Une planète hors de notre système solaire. ☐

d. Une perspective au-delà du présent signifie …
  1. un objectif irréalisable. ☐
  2. un avenir absent. ☐
  3. une vision du futur. ☐

PRODUCTION ORALE

6 Exposez votre opinion dans un texte clair et détaillé.

Notre société valorise la jeunesse éternelle : chirurgie, cosmétologie, hygiène de vie… Les visages de nos célébrités ne vieillissent plus et la publicité met de plus en plus en avant des promesses de produits miracles. Que pensez-vous de ce phénomène qui est le jeunisme ?

UNITÉ 5

LEÇON 2 • Technologie : liberté ou servitude ?

VOCABULAIRE

1 Trouvez les synonymes de ces adjectifs.

a. Artificiel(le)
b. Numérique
c. Spécifique
d. Féru(e)
e. Chronique

1. Digital(e)
2. Passionné(e)
3. Caractéristique
4. Factice
5. Permanent(e)

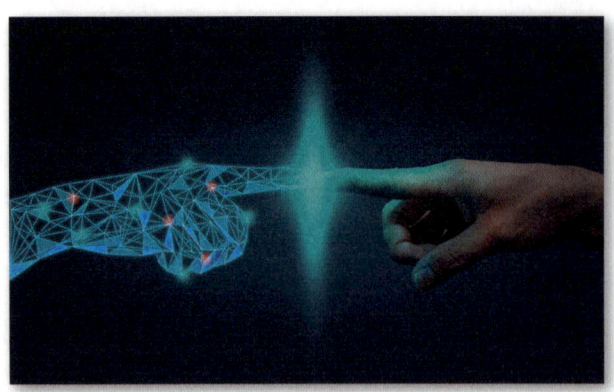

2 Complétez les phrases avec les mots suivants. Faites les accords nécessaires.

innovation – potentiel – productivité – tâche

a. Ce robot pourra réaliser toutes les .... qui incombent en général à un ouvrier qualifié.
b. Cette société est pionnière en matière d'... et de compétitivité dans le domaine de l'intelligence artificielle.
c. L'être humain n'exploite pas tout le .... de son cerveau.
d. Ils cherchent à rentabiliser leur entreprise en développant leur .... à moindre coût.

GRAMMAIRE

3 Conjuguez les verbes entre parenthèses au conditionnel présent.

a. Si cela était possible, ils .... (*employer*) des capteurs connectés pour aider les soignants au suivi de leurs patients.
b. .... (*avoir*)-vous l'amabilité de me donner votre opinion concernant ce sujet ?
c. Nous ne .... (*pouvoir*) pas faire mieux que l'intelligence artificielle pour produire un texte plus pertinent.
d. .... (*être*)-tu intéressé par une formation en technologies innovantes ?
e. Si vous aviez la possibilité, ... (*envoyer*)-vous une autre mission dans l'espace ?

COMPRÉHENSION ORALE

4 🔊 18 Écoutez et répondez aux questions.

a. La main-d'œuvre signifie ...
  1. les personnes qui pratiquent l'artisanat. ☐
  2. les personnes qui sont actives professionnellement. ☐
b. Que démontre le rapport Afrique numérique ?
....
....
c. En quoi le potentiel des technologies numériques n'est pas pleinement réalisé ?
....
....
d. Quel serait le lien entre technologies et emploi selon le rapport ?
....
....

46 Unité 5 • Les progrès scientifiques

COMPRÉHENSION ÉCRITE

5 Lisez le texte et répondez aux questions.

L'AGRICULTURE EN VILLE ? ENCORE UNE UTOPIE

On hésite à emprunter la rampe d'accès qui s'enfonce dans le parking sombre et désaffecté de la cité des Indes, à Sartrouville (Yvelines). Difficile d'imaginer que ce sous-sol abrite une jeune pousse de la foodtech, autrement dit une start-up française de l'alimentation. Pourtant, c'est là qu'est installée Champerché, avec ses murs de légumes, d'herbes et de fleurs aromatiques qui poussent sous des halos de lumière violette. Un de ses fondateurs, Antoine Fuyet, va droit au but : « Notre ambition est de démontrer que, à l'échelle locale, on peut nourrir les villes avec un impact environnemental maîtrisé et des prix accessibles à tous. » On a tellement envie d'y croire. Sur le papier, les promesses de l'agriculture urbaine font rêver : produire des fruits et légumes sur les toits, dans des parkings souterrains, dans des conteneurs ou dans des « fermes verticales » biberonnées à la technologie, le tout en consommant moins d'eau, pas de pesticides et peu de foncier. « Nos 700 mètres carrés de cultures verticales hors sol, c'est l'équivalent de 24 hectares de terres maraîchères ! », s'enthousiasme l'entrepreneur. Seul bémol à cette perspective réjouissante et salvatrice : on ne compte plus le nombre de start-up qui, ces derniers mois, ont été placées en redressement judiciaire, faute d'avoir trouvé leur modèle économique.

Si techniquement ces projets sont, à n'en pas douter, géniaux, économiquement c'est plus compliqué. Pour une raison simple : cultiver des fruits et des légumes dans des fermes urbaines nécessite d'éclairer par des leds, de réguler la température et l'hygrométrie, d'apporter la juste dose d'engrais, etc. De l'agriculture de précision. Tout est numérisé et reproductible, mais coûte très cher. Sans compter le coût du foncier, de l'investissement et de la R&D pour trouver la bonne techno.

« Le coup de grâce de ces modèles, c'est l'énergie », poursuit Matthieu Vincent, cofondateur du cabinet DigitalFoodLab et expert de la foodtech. Elle représente entre 20 % et 30 % des coûts de production des fermes verticales. Forcément, avec la flambée des prix de l'énergie, ça pique un peu. Ce n'est pas un hasard si bon nombre de start-up se focalisent pour le moment sur des produits à forte valeur ajoutée, comme les herbes aromatiques, les micro-pousses et les fleurs comestibles, très prisées des chefs cuisiniers. Et plus rentables à cultiver. À Château-Thierry (Aisne), dans un ancien entrepôt de William Saurin, la start-up Jungle produit même, au milieu de ses aromates, des brins de muguet pour le compte de l'industrie cosmétique. Autant dire qu'on est encore loin, très loin, d'un modèle agricole autosuffisant, productif et nourricier.

Géraldine Meignan, *Le Parisien*, 25/08/2023

a. L'agriculture urbaine consomme peu de foncier signifie qu'elle a besoin de …
   1. moins de surface. ☐
   2. moins de fonds d'investissement. ☐

b. Qu'est-ce que la culture verticale ?
....

c. Un redressement judiciaire est …
   1. lorsqu'une entreprise ne respecte pas le code du travail. ☐
   2. lorsqu'une entreprise n'est plus viable économiquement. ☐

d. Quel est le plus gros point faible de ces modèles économiques ?
....

e. Pourquoi les fermes urbaines se focalisent sur certains produits à forte valeur ajoutée ?
....

PRODUCTION ORALE

6 Relisez le texte de l'exercice 5. Identifiez les informations clés et faites un petit résumé des idées principales en quelques phrases. Citez les avantages et les inconvénients des fermes urbaines.

Les progrès scientifiques • Unité 5

UNITÉ 5

LEÇON 3 • Les mystères de la science

VOCABULAIRE

1 Reliez ces mots à leur définition.

a. L'univers
b. La Voie lactée
c. Une galaxie
d. Une planète
e. Un satellite

1. C'est un corps céleste qui gravite autour d'une étoile.
2. C'est la Galaxie qui abrite le système solaire.
3. C'est un corps céleste qui gravite autour d'une planète.
4. C'est l'ensemble de tout ce qui existe.
5. C'est un ensemble d'étoiles et de matière interstellaire.

2 Complétez les phrases avec les mots suivants. Faites les accords nécessaires.

gravité – attraction – fond marin – catastrophe – solaire

a. C'est Isaac Newton qui a découvert l'........................ terrestre.
b. Le réchauffement climatique va provoquer une vague de .... naturelles telles que des inondations, des incendies, des avalanches, des cyclones ou des séismes.
c. Le système .... est l'ensemble des astres qui gravitent autour du soleil.
d. Avec la ...., les astronautes doivent repenser toutes leurs manipulations au sein de la navette spatiale.
e. Ils ont créé un nouveau sous-marin autonome pour explorer et cartographier les ....

3 Écrivez des phrases avec les adverbes suivants.

a. Relativement : ....
b. Constamment : ....
c. Inexorablement : ....
d. Paradoxalement : ....
e. Notamment : ....

COMPRÉHENSION ORALE

4 🔊 19 Écoutez et répondez aux questions.

a. Que signifie « Vous essayez de pas trop nous sortir un truc cliché » ?
   1. Vous essayez de ne pas dire des stéréotypes. ☐
   2. Vous essayez de ne pas dire des lieux communs. ☐

b. Qu'est-ce qui fascine le plus Thomas Pesquet en observant la Terre ?
   ....

c. Une espèce de dissonance signifie …
   1. un certain paradoxe. ☐   2. une fausse note. ☐

d. Pour Thomas Pesquet, quel est le but des missions dans l'espace ?
   ....

e. Quel est l'avis de Thomas Pesquet concernant le tourisme spatial ?
   ....

COMPRÉHENSION ÉCRITE

5 Lisez cette infographie et répondez aux questions.

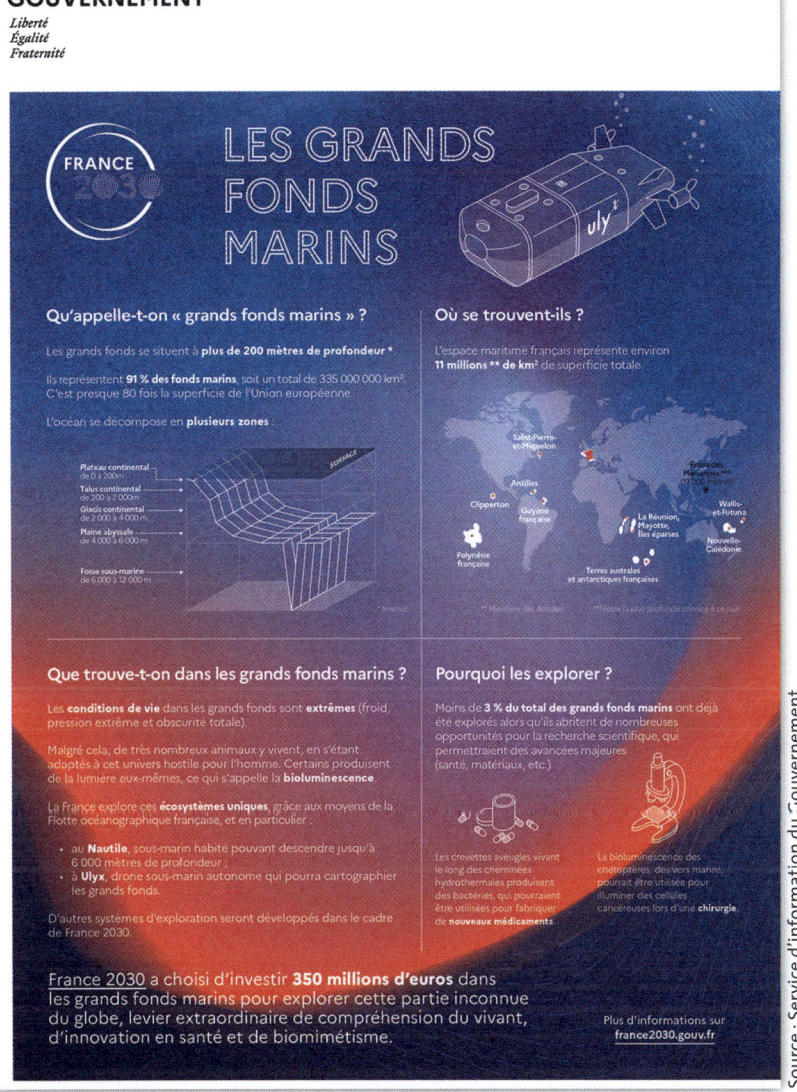

a. L'exploration des grands fonds marins fait partie des objectifs de France 2030. Vrai ou faux ?
....

b. Pourquoi les conditions de vie des grands fonds marins sont décrites comme extrêmes ?
....
....
....

c. Qu'est-ce que la bioluminescence ?
....
....
....

d. Quels moyens sont exploités par la France pour explorer les grands fonds marins ?
....
....
....

e. Pourquoi la France a pour objectif d'explorer les grands fonds marins ?
....
....
....

PRODUCTION ORALE

6 Écrivez un e-mail à la **CTSF** pour exposer vos motivations pour pouvoir rejoindre la mission spatiale.

Tu rêves de voyager dans l'espace ?

La CTSF* recherche son prochain voyageur pour participer à la mission spatiale CTSF rêve.
Rejoins notre équipe composée de scientifiques et de chercheurs et réalise ton rêve.
Pour cela, envoie-nous un texte qui présente tes motivations à l'adresse suivante :
ctsfrêve@pmail.com
Le voyageur idéal sera choisi mardi 20 mars.

* Compagnie du tourisme spatial français

Les progrès scientifiques • Unité 5

ENTRAÎNEMENT AU DALF C1

COMPRÉHENSION ORALE

Écoutez les documents sonores et répondez aux questions, dans les conditions du DALF :
- Prenez 50 secondes pour lire les questions.
- Puis, écoutez l'enregistrement une seule fois.
- Prenez 50 secondes pour répondre aux questions.

> **Conseils**
> - Lisez bien les questions avant d'écouter l'enregistrement ! Cela vous permettra d'identifier le thème de l'enregistrement, d'en repérer les mots-clés, de concentrer votre écoute sur les points soulevés par les questions. Votre compréhension en sera améliorée, car elle possédera un objectif : répondre aux questions !
> - Les questions sont toujours posées dans l'ordre du discours que vous allez entendre. Vous allez donc entendre les réponses aux questions au fur et à mesure.
> - Même s'il vous manque des détails, ne vous inquiétez pas ! Les propos tenus par les locuteurs sont logiques : les mots-clés importants vous permettent de reconstituer la réponse logique à la question.

🔊 20 Exercice 2

a. Selon Laurent Lefèvre, quel est le paradoxe de la transition numérique ?
  1. Elle engendre une mise à disposition d'encore plus d'outils. ☐
  2. Elle amène des problèmes d'exclusion pour certaines personnes. ☐
  3. Elle est basée sur des expérimentations technologiques très polluantes. ☐

b. Selon Laurent Lefèvre, quel est le rôle de l'utilisateur ?
  1. Il doit privilégier des technologies plus efficaces. ☐
  2. Il doit faire attention à limiter ses usages numériques. ☐
  3. Il doit accepter de participer à des travaux de recherche. ☐

c. Selon Laurent Lefèvre, quel est l'objectif des recherches pour l'innovation technologique ?
....

🔊 21 Exercice 3

a. Comment l'étude dont parle la journaliste a-t-elle été réalisée ?
  1. À l'aide de l'hybridation de plantes issues de deux époques différentes. ☐
  2. Grâce à la culture en laboratoire de graines issues de deux époques différentes. ☐
  3. Par la comparaison de résultats d'expériences issues de deux époques différentes. ☐

b. Qu'a montré cette expérimentation sur les pensées actuelles ?
  1. Elles développent des stratégies pour se reproduire seules. ☐
  2. Elles économisent le nombre de graines nécessaires pour survivre. ☐
  3. Elles dépensent plus d'énergie pour attirer les insectes pollinisateurs. ☐

c. Que représente cette évolution des plantes ?
  1. Un risque d'extinction accru de la biodiversité. ☐
  2. Une évolution génétique courante de la biodiversité. ☐
  3. Une capacité d'adaptation positive de la biodiversité. ☐

d. Que trouve Pierre-Olivier Cheptou urgent ?
  1. Replanter des fleurs issues de graines anciennes. ☐
  2. Interdire les utilisations de variations botaniques. ☐
  3. Lutter contre la diminution des insectes pollinisateurs. ☐

COMPRÉHENSION ÉCRITE

Entraînez-vous dans les conditions du DALF : réalisez cet exercice en 50 minutes.

Lisez le texte puis répondez aux questions.

Pour répondre aux questions :
- **Vrai ou faux : citez le passage du texte qui justifie votre choix.**
- **Question à choix multiple : cochez la bonne réponse (une seule réponse).**
- **Question à réponse libre : synthétisez et reformulez.**

> **Conseils**
> - Lisez bien les questions avant de lire le texte ! Cela vous permettra d'identifier le thème du texte, d'en repérer les mots-clés et de concentrer votre lecture sur les points soulevés par les questions. Votre compréhension en sera améliorée, car elle possédera un objectif : répondre aux questions !
> - Ne cherchez pas une compréhension fine de tous les détails, c'est une compréhension globale, des points les plus importants du texte, qui vous est demandée. Aucune question ne peut porter sur un détail inutile. Donc, s'il y a un mot que vous ne connaissez pas, ne vous inquiétez pas ! Jugez d'abord de son importance dans le texte. S'il correspond à une idée principale, déduisez son sens du contexte : le rapport entre les mots et les idées est toujours logique.
> - Enfin, ne vous perdez pas dans le texte : les questions sont toujours posées dans l'ordre du texte que vous allez lire. Par exemple, la question numéro 1 ne peut pas faire référence à la fin du texte, mais uniquement au début du texte. Il peut y avoir une question de compréhension globale du document entier, elle sera dans ce cas placée à la fin du questionnaire.

LES SCIENCES PARTICIPATIVES, DES AVANTAGES DURABLES

Sensibiliser les citoyens à la biodiversité en les impliquant dans des projets scientifiques, c'est l'un des enjeux des sciences participatives. Mais à condition d'être bien menées, ce qui s'avère parfois difficile sur le long terme.

« *Les grands défis contemporains que sont le réchauffement climatique ou la perte en biodiversité suscitent et justifient encore davantage l'implication citoyenne* » – Florence Millerand, 2021

Aujourd'hui, chacun et chacune peut s'investir dans un projet de recherche qui lui tient à cœur. Élever un blob à la maison ou recenser les papillons de votre propre jardin. S'impliquer dans le processus de production scientifique en tant que citoyen, acteur de la société civile, scientifique amateur, c'est ce que proposent les sciences participatives à travers différents dispositifs. Un mouvement en plein essor. C'est une relation vertueuse qui semble se créer, liant chercheurs, citoyens… et environnement. Ce dernier secteur est en effet particulièrement prisé des sciences participatives. À l'aube d'une sixième extinction de masse, les citoyens se mobilisent pour la conservation de la nature. Économiques, sociales et bénéfiques pour l'environnement, les sciences citoyennes semblent être la parfaite application du développement durable. Mais peuvent-elles rendre la société actrice dans la création de connaissances et protectrice de la biodiversité à moindre coût ?

Vive la biodiv'

La biodiversité est un sujet très apprécié de la population française. L'implication civile dans ce domaine permet notamment la production de données, d'outils de sensibilisation et d'éducation, mais aussi de former et réunir une communauté autour d'enjeux communs. Les citoyens représentent alors une ressource très intéressante (et bénévole !) pour les scientifiques qui souhaitent étudier l'état de la biodiversité, la présence d'espèces exotiques envahissantes ou encore la répartition des espèces sur le territoire. Une ressource citoyenne d'autant plus intéressante qu'en environnement, et notamment en biodiversité, la collecte de données est essentielle pour le suivi d'une population d'espèces animales ou végétales. […]

Le numérique, un nouvel outil pour les sciences participatives

Le développement du numérique apporte une toute nouvelle dimension aux sciences participatives. Simplifiant certaines démarches, il donne une plus ample visibilité aux projets, accessibles par tout un chacun en ligne. Les sites web sont une immense ressource, plus encore lorsqu'ils sont couplés

…/…

à des applications qui permettent à la fois aux scientifiques de donner les informations nécessaires au bon déroulement du projet, ainsi qu'à récupérer les données obtenues sur le terrain par les participants.

Par ailleurs, des dispositifs démocratisent la reconnaissance par intelligence artificielle de certaines espèces, comme par exemple d'insectes pollinisateurs dans le projet SPIPOLL, une initiative commandée par le ministère chargé des Transports. Le simple appareil photo de nos smartphones devient un outil de recherche. Le numérique a « inversé le rapport de force » entre les contributeurs et le corps scientifique, selon Juliette Loiseau. En effet, les choix réalisés sur le terrain par les participants impactent l'orientation de la recherche. [...]

Des avantages durables

Les sciences participatives redéfinissent les relations entre science et société. La participation citoyenne permet d'ancrer des problématiques reconnues pour leur utilité sociétale. Elles contribuent à rapprocher la science et la société dans un but de démocratisation de la connaissance, favorable au progrès social [...].

On identifie parmi les sciences citoyennes des bénéfices indiscutables en termes de production de connaissances. En faisant appel à la participation bénévole des citoyens, la sphère scientifique mobilise une ressource lui permettant un gain de temps et d'argent considérable et bienvenue pour des chercheurs qui souffrent bien souvent de ces deux contraintes. Avoir recours à beaucoup d'observateurs, répartis dans l'espace et le temps, représente également une certaine ubiquité dans la collecte des données. Avoir des yeux et des oreilles partout et à toute heure optimise grandement ce processus, parfois fastidieux pour de petites équipes de chercheurs.

En sciences de l'environnement notamment, l'engagement volontaire du citoyen à participer à la collecte de données est indispensable à certains projets de recherche traitant de la biodiversité ou du réchauffement climatique [...]. Le programme Vigie-Nature instauré par le Muséum national d'Histoire naturelle de Paris est un exemple particulièrement édifiant. Ce projet vise à décrire les réponses de la biodiversité face aux changements anthropiques (liés à l'Homme) à l'échelle de la France. Ainsi les citoyens fournissent aux chercheurs une base de données monumentale. Un inventaire proche de l'exhaustivité recensant les espèces animales et végétales à travers tout le territoire français, permettant aux chercheurs d'observer l'évolution des populations selon le dérèglement climatique, l'anthropisation du territoire... Une action qui a un impact réel puisque cette étude permet aux chercheurs de penser, évaluer et de promouvoir les actions à mettre en place en termes de conservation des espèces.

Au-delà des objectifs environnementaux, le projet Vigie-Nature à des visées politiques. Il permet de rendre publique la crise que connaît la biodiversité en faisant participer le grand public à la recherche, puis en publiant et communiquant sur celle-ci. Les résultats de l'étude fournissant des indicateurs et des scénarios d'évolution de la biodiversité, le protocole Vigie-Nature propose de (ré)adapter les politiques de gestion de la biodiversité.

Oui mais...

[...] Si les sciences participatives bénéficient de l'adhésion de la communauté scientifique, elles font néanmoins l'objet de nombreux questionnements, notamment quant à la validité de ces nouvelles formes de productions de savoirs et à l'évolution des relations entre « profanes » et scientifiques [...]. En effet, dans beaucoup de cas les citoyens sont relégués au statut de simples fournisseurs ou exécutant, s'inscrivant dans un modèle déséquilibré dans lequel la connaissance est détenue par les chercheurs tandis que les citoyens fournissent uniquement la main-d'œuvre [...].

De plus, si les citoyens font preuve de volonté, celle-ci n'est pas forcément constante dans le temps, ce qui pose problème pour les longues campagnes de collecte de données. De même, les données collectées par le grand public peuvent être difficiles à interpréter du fait de leur hétérogénéité et des biais commis par les collecteurs. La majorité n'ayant pas de formation scientifique, ceux-ci n'ont donc pas conscience de certains biais qu'ils pourraient commettre. Ainsi, la participation citoyenne ne peut se faire sans un encadrement strict pour le bon déroulé des recherches, sans quoi tout ou partie des résultats se révèle caduque. L'inclusion de la société dans la recherche ne doit pas pour autant permettre une baisse de qualité dans la collecte des données.

Une démarche collaborative dans une démarche de développement durable

[...] Les sciences citoyennes apparaissent comme une solution pour répondre aux problématiques de développement durable à l'ère de l'Anthropocène. Elles mettent en scène les acteurs de la société en agissant pour l'environnement et répondent à certaines contraintes économiques de la recherche. Toutefois, pour remplir cet objectif, les sciences participatives demandent un engagement du chercheur, qui, dans le contexte actuel de la recherche, n'est pas toujours simple à tenir.

Sciences pour tous, article écrit par Epha Bigeard, Margot Chevalier, Léo Raimbault et Julie Rozon du master Information et médiation scientifique et technique de l'université Bernard Lyon 1

a. Quels sont les types d'actions proposés par les sciences participatives ?
....

b. Pourquoi les études sur la biodiversité ont-elles besoin des sciences participatives ?
    1. Car le recueil d'information est au cœur de ces études. ☐
    2. Car ces études ont pour objectif de sensibiliser le grand public. ☐
    3. Car les citoyens ont déjà les compétences nécessaires à ces études. ☐

c. Pourquoi le numérique est-il essentiel dans les sciences participatives ?
....

d. Quelle est la modification apportée par le recours aux sciences participatives ?
    1. La participation citoyenne influence les processus de recherche scientifique. ☐
    2. La société civile acquiert des savoir-faire propres à la recherche académique. ☐
    3. Les citoyens peuvent décider collectivement des axes de recherche prioritaires. ☐

e. Le recours aux sciences participatives permet à des études scientifiques de passer outre leurs contraintes budgétaires.
Vrai ☐   Faux ☐

Justification : ....
....

f. Les projets de sciences participatives s'appliquent souvent à une zone géographique restreinte.
Vrai ☐   Faux ☐

Justification : ....
....

g. Comment le projet du musée de l'Homme a-t-il un impact social ?
....
....

h. Avec les sciences participatives, les citoyens…
    1. sont mis au service des scientifiques. ☐
    2. prennent la place des scientifiques officiels. ☐
    3. collaborent égalitairement avec les scientifiques. ☐

i. Pour quelles études l'utilisation des sciences participatives est-elle plus complexe ?
    1. Pour les études se déroulant sur une durée longue. ☐
    2. Pour les études dont l'équipe scientifique se renouvelle. ☐
    3. Pour les études impliquant des collectes de données risquées. ☐

j. Pourquoi un bon encadrement des projets participatifs est-il nécessaire ?
....
....

k. Selon cet article, en quoi les sciences participatives ont-elles une utilité dans la société contemporaine ?
....
....

UNITÉ 6 — L'économie et le travail : pour le meilleur ou pour le pire ?

LEÇON 1 • L'évolution du monde du travail

VOCABULAIRE

1. Complétez les phrases avec les mots suivants. Faites les accords nécessaires.

obsolète – collectivité – organigramme – cabinet de recrutement – audit

a. C'est une entreprise traditionnelle, c'est-à-dire avec un .... descendant, un management trop présent et toxique et de nombreux problèmes de communication interne.

b. Il recherche du sens dans ce qu'il fait, il rêve de travailler pour la .... et non pour le profit individuel.

c. Ils vont devoir expliquer toute leur méthode de travail et justifier toutes leurs décisions mais aussi leurs comptes pour l'.. qui leur a été imposé par l'État.

d. Les longues carrières au sein d'une même entreprise ou d'un même groupe sont devenues une idée .... pour les jeunes salariés.

e. Elle a été contactée par un chasseur de tête qui travaille dans un ....

GRAMMAIRE

2. Remplacez les expressions soulignées par une autre formule d'introduction.

a. Le changement indispensable <u>de l'avis des</u> sociologues serait de recréer une véritable orientation des salariés selon leurs envies mais aussi la réalité du marché du travail.

....
....

b. Les manifestants <u>estiment que</u> le gouvernement nivelle vers le bas les conditions de travail.

....
....

c. <u>Ainsi que le souligne</u> les syndicats, les inégalités sociales vont être renforcées par cette réforme.

....
....

COMPRÉHENSION ORALE

3. 🔊 22 Écoutez et répondez aux questions.

a. Une entreprise climaticide est …
   1. une entreprise qui participe au réchauffement climatique. ☐
   2. une entreprise qui travaille pour la transition énergétique. ☐

b. Faire sens signifie …
   1. définir. ☐   2. avoir de la logique. ☐

c. Qu'est-ce qu'un bifurqueur ?
....

d. Prendre le pli signifie …
   1. plier. ☐   2. s'adapter. ☐

e. Quels thèmes souhaiteraient aborder les étudiants durant leurs cours ?
....

COMPRÉHENSION ÉCRITE

4 Lisez le texte et répondez aux questions.

De cadre en région parisienne à créateur d'un gîte écoresponsable dans le Jura, la reconversion de Christophe Leon

« L'envie fondamentale, c'était de revenir à une vie plus simple et plus sobre, mais aussi plus concrète », confie Christophe Leon au sujet de sa reconversion professionnelle. L'ancien directeur marketing de Voyages-SNCF.com a toujours évolué à des postes en lien avec le marketing et le digital.

En septembre 2021, il rachète un gîte de groupe niché au cœur d'un grand domaine forestier dans le Jura pour y lancer le projet Le Coupet-Séminaires nature. « J'avais envie de revenir dans le domaine du tourisme, d'apporter un petit peu ma pierre à l'édifice d'un secteur plus responsable, plus local, moins impactant et plus sobre », déclare l'entrepreneur. Christophe Leon revient pour Big Média sur ses motivations et les défis qu'il a surmontés avec sa famille pour une reconversion réussie.

Big Média : Ce sont vos convictions qui vous ont amené à fonder Le Coupet ?

Christophe Leon : C'est d'abord un puissant élan vital, un besoin profond de sortir de ma zone de confort et de changer de terrain de jeu. Depuis vingt ans, toute ma vie professionnelle était consacrée à la « digitalisation » des parcours clients. Cela a été une aventure passionnante et stimulante que de participer à l'essor d'Internet et du mobile. Mais pour être franc, je commençais à en avoir ma dose du tout-digital et j'avais envie d'explorer de nouveaux sujets. En parallèle, ma prise de conscience sur l'effondrement écologique a été un puissant moteur de changement et de réalignement autour d'un nouveau projet personnel et professionnel axé sur la nature.

Dès 2006 j'avais eu l'occasion d'être sensibilisé aux enjeux environnementaux lors de mon passage chez Voyages-SNCF : nous souhaitions promouvoir un tourisme différent, plus local et durable, et pour cela nous nous sommes rapprochés de l'ADEME (Agence de la transition écologique), de Yan Arthus Bertrand et sa fondation Good Planet, mais aussi de Jean-Marc Jancovici. À titre personnel, j'ai été profondément marqué par ces rencontres avec des experts de l'environnement et par ce qu'ils annonçaient déjà, cependant je dois reconnaître que j'ai mis plus de dix ans à en tirer vraiment les conclusions et à adapter mon mode de vie pour réduire fortement mon impact carbone.

Big Média : Bientôt deux ans depuis ce changement de vie, quel bilan en tirez-vous pour l'instant ?

Christophe Leon : Peu à peu, nous avons redécouvert notre environnement et appris à nous adapter au rythme de la nature, qu'on ressent bien plus fort qu'en vivant en ville évidemment. Pas le temps de s'ennuyer quand on tient une maison de séjours de 700 m² dans un domaine forestier à entretenir et qu'on accueille des groupes deux fois par semaine toute l'année…

Emma-Louise Chaudron, bigmedia.bpifrance.fr, 15/08/2023

a. Apporter sa pierre à l'édifice signifie …
   1. créer. ☐   2. participer. ☐

b. Quelles ont été les motivations de Christophe Leon à ce changement de vie ?
....

c. En avoir sa dose signifie …
   1. être en manque de quelque chose. ☐
   2. en avoir assez de quelque chose. ☐

d. En quoi cette reconversion a été positive pour Christophe Leon ?
....

PRODUCTION ÉCRITE

5 **Télétravail : pour ou contre ?**
Exposez, selon vous, les points positifs et les points négatifs du télétravail dans un texte clair et détaillé.

UNITÉ 6

LEÇON 2 • Les mouvements économiques alternatifs

VOCABULAIRE

1 Associez ces mots pour former des expressions.

a. La seconde　　　　1. d'achat.
b. Le pouvoir　　　　2. de consommation.
c. Un conseil　　　　3. main.
d. La société　　　　4. non lucratif.
e. À but　　　　　　5. d'administration.

GRAMMAIRE

2 Remplacez les expressions soulignées par une autre formule pour exprimer le but.

a. Il faut trouver une solution <u>afin que</u> la *fast-fashion* ne soit pas trop représentée sur les sites de revente en ligne.
....

b. Un accord va être passé avec la grande distribution <u>de manière à</u> relancer le pouvoir d'achat des Français.
....

c. À travers cette campagne, ils <u>cherchent à</u> sensibiliser les jeunes à la surconsommation.
....

d. Ils consomment de manière excessive <u>dans le but de</u> compenser un manque de vie et de plaisir.
....

3 Complétez les phrases suivantes.

a. J'aimerais changer de mode de vie de sorte que ....

b. Je trie mes vêtements dans la perspective de ....

c. Nous nous sommes inscrits à un vide-grenier avec l'idée de ....

d. En créant une association, j'aspire à ....

COMPRÉHENSION ORALE

4 🔊 23 Écoutez et répondez aux questions.

a. Une véritable tendance signifie …
　1. une vraie mode. ☐　　2. une vraie leçon. ☐

b. Quels sont les deux objectifs des friperies solidaires donnés par Natacha Guidet ?
....

c. D'après le reportage, quelle est la particularité de l'industrie textile ?
....

d. Être coutumière signifie …
　1. faire de la couture. ☐　　2. être habituée. ☐

e. D'après le reportage, comment peut-on définir les créations d'upcycling ?
....
....

COMPRÉHENSION ÉCRITE

5 Lisez le texte et répondez aux questions.

Comment Veja rend l'écoresponsabilité virale, sans publicité

Depuis son lancement en 2004, la marque française de baskets Veja est devenue une référence de la mode et du textile. Son projet repose sur de forts engagements environnementaux et sociaux et un refus de la publicité et du marketing « classique » afin de réduire ses coûts. Alors on a voulu comprendre comment Veja séduit ses clients, anonymes et célèbres.

Veja est un pionnier du commerce équitable et du *sourcing* durable. Sa démarche l'amène à sélectionner des matériaux durables. Comme du caoutchouc bio-sourcé ou encore du cuir aux méthodes de tannage moins polluantes. Sur le volet social, Veja s'engage pour la réinsertion avec plus de 430 salariés accompagnés depuis 2004. Conséquence de son *sourcing* écoresponsable et éthique, les baskets Veja coûtent cinq à sept fois plus cher à produire que d'autres marques moins scrupuleuses pour choisir leurs matériaux et fournisseurs. Pour maintenir un prix de vente comparable à ses concurrents, la marque a décidé d'éliminer les coûts publicitaires. Car selon Veja « 70 % du coût d'une basket de grande marque est alloué à la publicité ». Veja ne fait donc pas de publicité classique, n'a pas d'égéries, d'influenceurs payés, et ne fait pas d'affichage. Elle préfère une stratégie de bouche à oreille, sur le terrain et via les réseaux sociaux. Et ça marche.

Ces baskets au look épuré et au V bien reconnaissable sont désormais adoptées par des stars et influenceurs (non payés par Veja) qui souhaitent afficher leurs choix responsables. Ce qui nous amène à un premier levier viral utilisé par Veja. Devenir la marque préférée des stars et fashionistas soucieuses de l'environnement. Avec la chance d'apparaître aux pieds de Meghan Markle à l'automne 2018. Elle était photographiée pendant les Invictus Games à Sydney avec ses baskets V-10 noires et blanches. Un parfait accessoire pour un look sportif mais chic. Une surprise pour les fondateurs de Veja qui avouent alors ne pas suivre ce que font les célébrités et ne pas savoir qui est Meghan. Résultat immédiat de l'effet Meghan : une augmentation de 113 % des recherches pour la marque Veja. Depuis, d'autres stars « écolos » et habituées des défilés de mode, comme Emma Watson et Marion Cotillard, ont aussi été photographiées avec des Veja aux pieds. Les sneakers Veja font aussi partie du look « Frenchtech » d'Emmanuel Macron. Découvrir une photo de Meghan Markle portant une paire de Veja est une belle surprise pour la marque. Mais la rançon du succès a été de voir ensuite arriver sur les réseaux sociaux des baskets au design étrangement familier.

Viuz, 12/07/2023

a. Devenir une référence signifie …
  1. devenir un modèle. ☐
  2. devenir un élément. ☐

b. Comment se traduit l'engagement environnemental de la marque Veja ?

....

....

c. Comment se traduit l'engagement social de la marque Veja ?

....

....

d. Comment la marque Veja compense le coût économique de ces choix environnementaux qui sont plus onéreux que les autres marques ?

....

....

....

e. Pourquoi la marque Veja est liée à l'actrice Meghan Markle ?

....

....

PRODUCTION ÉCRITE

6 Proposez trois arguments pour expliquer l'importance d'acheter ses vêtements en seconde main.

UNITÉ 6

LEÇON 3 • Le rejet du système et des institutions

VOCABULAIRE

1 Associez ces expressions à leur définition.
- a. Le développement durable
- b. La croissance verte
- c. La transition écologique
- d. L'ordre social dominant
- e. Un circuit court

1. C'est le changement de modèle économique avec pour objectif des mesures environnementales.
2. C'est un groupe d'individus qui possèdent le pouvoir et les richesses.
3. C'est un concept qui répond aux besoins présents en les inscrivant dans le futur.
4. C'est un mode de commercialisation qui priorise les échanges directs.
5. C'est le développement de l'économie dans une perspective écoresponsable.

GRAMMAIRE

2 Soulignez dans le texte les figures de style utilisées pour dénoncer.

Enseigner le français à travers le monde ? Quel beau projet ! Mais encore faudrait-il donner les moyens aux enseignants de le faire. Reconnaissance de leurs diplômes, salaires revalorisés, reconnaissance des institutions. Il est inutile de préciser que le rôle de l'enseignant est primordial, il transmet les connaissances, la culture mais aussi l'amour de la langue et les valeurs de la République. Dépenser des millions dans un projet de valorisation de la francophonie. Quelle belle idée ! Mais toute cette énergie et ces dépenses auraient pu permettre d'aider à valoriser l'enseignement du français en France et à travers le monde par des femmes et des hommes dévoués à la langue française.

3 Complétez les phrases suivantes.
- a. Je vais tout faire pour atteindre mon rêve quitte à ....
- b. J'ai beau réfléchir, je ne comprends toujours pas ....
- c. Je voudrais vivre dans mon pays quoique ....
- d. La France est un pays incroyable bien que ....

COMPRÉHENSION ORALE

4 🔊 24 Écoutez et répondez aux questions.
- a. Le contraste est saisissant signifie ...
  1. qu'il y a une émotion vive. ☐
  2. qu'il y a une contradiction évidente. ☐
- b. Quelles sont les deux méthodes utilisées par Amine Ben Abdallah pour faire revivre ses terres ?
  ....
- c. Les rendements chutent signifie ...
  1. que la production terrestre diminue. ☐
  2. que la terre s'affaisse. ☐

d. Qu'est-ce qui a poussé Slim Zarrouk à mettre en place la permaculture dans sa ferme ?
....

e. La canopée signifie ...
1. la technique agro-forestière. ☐
2. la cime des arbres. ☐

COMPRÉHENSION ÉCRITE

5 Lisez le texte et répondez aux questions.

Neutralité carbone : l'Union européenne ouvre un débat sur l'objectif 2040

L'UE lance le débat sur ses ambitions climatiques pour 2040 : un objectif crucial vers la neutralité carbone, qui devrait déterminer la feuille de route législative des années à venir et nécessiter de nouveaux efforts d'adaptation.

Les Vingt-Sept se sont déjà fixé comme objectif de réduire collectivement de 55 % leurs émissions de gaz à effet de serre d'ici 2030 par rapport à 1990, en vue d'atteindre la neutralité carbone en 2050 au plus tard. Reste à déterminer le chiffre intermédiaire 2040.

Certes, plusieurs dirigeants des Vingt-Sept ont appelé à une pause des législations environnementales, à l'unisson du PPE (droite), première formation du Parlement européen, qui édulcore les textes verts encore en négociation jugés trop contraignants pour les agriculteurs et entreprises.

Ainsi, « la réduction des émissions de CO_2 dans l'agriculture n'est aujourd'hui absolument pas alignée avec les objectifs climatiques globaux », de quoi laisser envisager « un équivalent du marché du carbone sur les intermédiaires entre le consommateur final et les agriculteurs », avance Pascal Canfin, président de la commission Environnement au Parlement européen. Reste à décomposer la cible : des dizaines d'ONG, think-tanks et scientifiques ont récemment appelé à fixer des objectifs distincts pour la réduction brute d'émissions, pour l'absorption de CO_2 par les écosystèmes naturels (forêts...) et pour les technologies de capture et stockage du carbone. « Une cible nette ne fait pas la différence, mais l'idée qu'on pourra toujours retirer du carbone de l'atmosphère ultérieurement peut conduire à ralentir les efforts de réduction d'émissions, qui doivent rester la priorité », s'alarme Fabiola De Simone, de Carbon Market Watch, une ONG appelant à viser la neutralité carbone dès 2040. Un non-débat selon Pascal Canfin, pour qui « il faudra activer toutes les solutions » : « Les derniers kilomètres seront probablement encore plus difficiles, c'est pour cela qu'on raisonne en net : à un moment donné, il y a des émissions résiduelles qu'on n'arrivera pas à supprimer. » Soucieux de leur compétitivité, les industriels guettent, eux, les financements prévus et pointent les besoins colossaux d'infrastructures. « Un objectif de -90 % implique une décarbonation presque complète des industries intensives en énergie » comme la sidérurgie et impliquera « des quantités inédites » d'hydrogène ou d'électricité, prévient Adolfo Aiello, de la fédération européenne de l'acier Eurofer.

Geo, 15/01/2024

a. Crucial signifie ...
1. mortel. ☐
2. décisif. ☐

b. Quel est l'objectif crucial pour les ambitions climatiques de l'Union européenne pour 2040 ?
....
....

c. Pourquoi certains dirigeants appellent à une pause des législations environnementales ?
....
....

d. Un non-débat signifie ...
1. que le débat est stérile. ☐
2. que le débat est perdu. ☐

PRODUCTION ÉCRITE

6 🔊 **24** Réécoutez le texte de l'exercice 4. Identifiez les informations clés et faites un petit résumé des idées principales en quelques phrases.

ENTRAÎNEMENT AU DALF C1

COMPRÉHENSION ORALE

Écoutez les documents sonores et répondez aux questions, dans les conditions du DALF :
- **Prenez 50 secondes pour lire les questions.**
- **Puis, écoutez l'enregistrement une seule fois.**
- **Prenez 50 secondes pour répondre aux questions.**

> **Conseils**
> - Lisez bien les questions avant d'écouter l'enregistrement ! Cela vous permettra d'identifier le thème de l'enregistrement, d'en repérer les mots-clés, de concentrer votre écoute sur les points soulevés par les questions. Votre compréhension en sera améliorée, car elle possédera un objectif : répondre aux questions !
> - Les questions sont toujours posées dans l'ordre du discours que vous allez entendre. Vous allez donc entendre les réponses aux questions au fur et à mesure.
> - Même s'il vous manque des détails, ne vous inquiétez pas ! Les propos tenus par les locuteurs sont logiques : les mots-clés importants vous permettent de reconstituer la réponse logique à la question.

🔊 25 Exercice 2

a. Quels sont les changements, dont parle Sarah Lemoine, renforcés par le télétravail ?
   1. Le nombre de logiciels à connaître augmente. ☐
   2. Le lien avec le travail est de plus en plus constant. ☐
   3. Les relations avec la hiérarchie deviennent confuses. ☐

b. Les entreprises cherchent des outils pour …
   1. résoudre le problème de la charge de travail. ☐
   2. pallier le manque de motivation des employés. ☐
   3. améliorer les compétences d'encadrement des équipes. ☐

c. Que conseille l'Anact ?
   1. Un dialogue régulier au sein de l'entreprise. ☐
   2. La réalisation d'un entretien individuel annuel. ☐
   3. L'organisation de réunions ponctuelles entre managers. ☐

🔊 26 Exercice 3

a. Qu'est-il fait des objets et matériaux collectés dans cette plateforme ?
....

b. Que peuvent faire les employées ?
   1. Définir leur temps de travail. ☐
   2. Choisir l'objet sur lequel elles travaillent. ☐
   3. Amener leurs enfants sur leur lieu de travail. ☐

c. Selon Georges Ribeiro, quel intérêt les employées voient dans leur travail ?
   1. Acquérir de bonnes connaissances techniques. ☐
   2. Agir dans le but de préserver l'environnement. ☐
   3. Apprendre à devenir responsable d'une équipe. ☐

d. Comment se déroule le contrat des employées dans cette plateforme ?
   1. Avec un accompagnement personnalisé. ☐
   2. Avec un objectif de développement de l'entreprise. ☐
   3. Avec un emploi fixe après les deux premières années. ☐

PRODUCTION ÉCRITE

Entraînez-vous dans les conditions du DALF : réalisez ces deux exercices en 2 h 30.

1 Synthèse de documents

En 220 mots, écrivez une synthèse des deux textes ci-dessous : « L'outil numérique, paradis ou enfer du travailleur ? » et « Numérisation des services publics et dialogue social ».

Votre synthèse présentera les arguments principaux des documents, rédigés avec vos propres mots et selon une nouvelle organisation logique et cohérente. Vous ne pouvez pas intégrer de commentaires ni des idées personnelles. Vous pouvez réutiliser les mots-clés des documents, mais pas des phrases entières.

> **Conseils**
> - Dégagez dans chaque texte les idées principales, puis organisez-les dans un texte cohérent, du nombre de mots indiqués (220 mots). Votre synthèse devra combiner les idées présentes dans chacun des textes et non suivre leur ordre.
> - Attention à ne pas vous laisser prendre par les détails : ce sont les idées principales qui sont importantes.
> - Écrivez votre synthèse avec vos propres mots. Vous reprendrez les mots-clés des textes, mais vous ne pouvez pas utiliser de phrases issues des textes.
> - Vous devez rester neutre : ne donnez pas votre opinion, n'ajoutez pas de commentaires ou d'informations.
> - Pour compter les mots utilisés : un mot est situé entre deux espaces. Ainsi : « c'est-à-dire » = un mot ; « il va bien » = trois mots ; « que pouvons-nous faire ? » = trois mots.

Texte 1 :

L'outil numérique, paradis ou enfer du travailleur ?

Aujourd'hui, l'outil numérique est partout aux côtés des travailleurs. Il nous aide à accomplir de nombreuses tâches du quotidien, il nous simplifie la vie, au point qu'on se demande souvent : comment faisait-on avant ? Mais il arrive aussi qu'il nous fasse peur. Comment fonctionne-t-il ? Va-t-il me remplacer ? Va-t-il décider à ma place ? Voilà pourquoi la question de la transformation du travail par l'informatique est un vrai sujet. […]

D'abord, dédramatisons. L'ordinateur est un système de traitement de l'information. Aujourd'hui, la machine ne pense pas. Elle fonctionne autrement. Elle dispose d'une capacité de calcul, qui lui permet de traiter des données bien plus rapidement que n'importe quel cerveau humain. Lorsqu'un ordinateur répond à une question, il n'a pas compris la question au sens où l'être humain comprend l'intention qu'il y a dans la phrase. L'ordinateur traite une donnée statistique : pour tel problème, les données enregistrées permettent statistiquement de dire que telle réponse est la plus pertinente. Il faut donc deux choses pour que ça marche : un système qui traite et compare les données statistiques d'une part, et le plus de données possibles d'autre part. Plus il dispose de données sur le sujet, plus l'ordinateur apportera une réponse statistiquement fiable.

Ça, c'est la théorie. Mais, dans la pratique, en quoi sommes-nous concernés au quotidien dans notre travail ? […] Pas besoin d'être cadre pour s'aider de la machine. Avez-vous vu aujourd'hui comment sont équipés par exemple les camions de ramassage des ordures ménagères ? GPS pour se repérer dans l'espace, capteurs pour saisir les poubelles, radars pour éviter les chocs, autant d'exemple de l'aide que le numérique peut apporter au travailleur. Et combien d'entre nous […] allument leur ordinateur pour consulter leurs courriels, sont occupés à traiter un SMS de leur supérieur ou participent à un groupe d'échange sur le smartphone avec leurs collègues ? Comme on le voit, lorsque l'outil numérique est utilisé comme une assistance, il apporte énormément de bénéfices. Il soulage le travail physique à l'aide de robots, il facilite le traitement des dossiers en mettant à notre disposition rapidement les données nécessaires […].

[Mais] tout n'est pas si rose. Le numérique est aussi un outil qui permet de multiplier la surveillance du travailleur, d'évaluer quasiment à la minute sa concentration, sa productivité, son efficacité… Avez-vous conscience que si vous utilisez le logiciel de traitement des messages électroniques le plus répandu dans le monde, celui qui sert aussi d'agenda et qui est couplé à l'ensemble du système

…/…

ENTRAÎNEMENT AU DALF C1

d'exploitation de votre ordinateur, [il] peut très facilement vous dire, à vous, mais aussi à votre employeur, combien de messages vous avez traités, et surtout combien vous n'en avez pas traités, combien de temps vous passez en réunion, en visioconférence, en pause sans taper sur votre clavier, etc. ? [...]

Un autre danger, encore plus grand, est que l'aide à l'encadrement par le numérique bascule vers le management numérique. C'est-à-dire que ce soit la machine qui évalue ce que doit faire le travailleur, s'il travaille efficacement ou non, etc. C'est déjà une réalité dans de nombreux centres logistiques de commerce en ligne, ou bien pour les travailleurs des plateformes (livraison, transports avec chauffeur, etc.).

Enfin, il existe également un risque, trop souvent ignoré, celui que les algorithmes véhiculent des stéréotypes de genre, des stéréotypes ethniques ou sociaux. Illustrons cela par deux exemples. Première situation, je cherche à recruter un agent [...] spécialisé dans la plomberie. Je confie ce recrutement à un cabinet qui utilise un traitement numérique pour rechercher la meilleure candidature. Si la donnée montre que 80 % des plombiers sont des hommes, un algorithme en déduira qu'il vaut mieux conserver un candidat masculin plutôt qu'une candidate. [...] Rappelons-nous que la machine ne « pense » pas, elle compulse des statistiques. [...] Seul un œil humain peut corriger ce biais. [...] C'est contre ces pratiques et dérives qu'il nous faut poser des garde-fous. Le déploiement d'un outil numérique, quel qu'il soit, devrait être un sujet de dialogue social [...]. Comme on le voit, l'outil numérique n'est ni l'enfer ni le paradis. Comme tout outil, c'est l'utilisation qu'on voudra en faire qui lui donnera un sens. C'est pourquoi nous devons prendre conscience de toutes ces questions et nous en saisir, collectivement, pour orienter dans la bonne direction l'utilisation de cet outil qui transforme la société comme ont pu le faire la typographie et l'imprimerie en leur temps [...]. La lecture nous a permis de devenir des citoyens éclairés, aidons le numérique à faire le même.

Philippe Malaisé, *CFDT IntercoMag*, n° 257, octobre-décembre 2023

Texte 2 :

NUMÉRISATION DES SERVICES PUBLICS ET DIALOGUE SOCIAL

L'informatisation des administrations a apporté, dès les années 2000, une transformation de la façon de travailler dans les services [...].

En 2023, l'Observatoire social européen, avec le soutien de la Commission européenne, a rédigé un document de recherche sur l'impact de la numérisation sur la qualité de l'emploi et du dialogue social dans les services publics en France.

Il ressort principalement de cette étude une modification de l'organisation du travail. On constate à la fois une amélioration du flux d'informations, mais aussi un travail plus dense et une charge de travail plus importante. Les agents ressentent plus de surveillance et de contrôle, moins d'autonomie et plus de stress.

Le contenu même des tâches a été fortement modifié par la numérisation. Elle a entraîné une tendance à demander un *reporting** beaucoup plus important, qui ajoute de la charge de travail tout en développant un sentiment d'infantilisation du travailleur [...]. On constate également une surcharge d'informations à traiter (grand nombre de courriels), et une perte dans les relations humaines et le dialogue direct : « tout ce qui n'est pas du travail sur ordinateur est considéré comme une perte de temps ».

Une autre dérive pointée par les agents est la course aux « fausses performances », des performances en apparence seulement. Par exemple, quand l'évaluation se fait sur la quantité de dossiers traités et non sur la qualité. Ce phénomène pousse à traiter un grand nombre de dossiers « faciles », mais à laisser de côté les dossiers « compliqués », chronophages, et faire baisser la note d'évaluation. Cela a un impact sur la qualité du service rendu.

Toutefois, il existe également des aspects positifs à la numérisation des services. Pour certains travailleurs de l'administration, les tâches accomplies impliquent désormais des compétences plus « réfléchies », ce qui fait que de nombreux postes de l'administration soient devenus potentiellement plus intéressant. [...]

Nous assistons, avec les évolutions technologiques en cours (développement de l'intelligence artificielle, arrivée prochaine des ordinateurs quantiques ayant une puissance de calculs bien supérieure aux machines actuelles, etc.), à une transformation de l'organisation de la société qui est souvent comparée à la révolution engendrée par l'invention de l'imprimerie au XVe siècle qui a permis la diffusion des idées et l'esprit critique, ouvrant la Renaissance.

…/…

C'est pourquoi il est important, à tous les niveaux, de pousser pour que les représentants du personnel soient pleinement associés aux décisions impactant le travail.

Au niveau des équipes dans les entreprises, administrations et collectivités, il nous semble essentiel :
- de comprendre que la transformation numérique n'est pas seulement une affaire de technologies, mais aussi et surtout de transformation organisationnelle ; [...]
- d'avoir la garantie que « les pleins pouvoirs » ne seront pas remis à l'intelligence artificielle, mais qu'il y aura toujours un humain « aux commandes » pour cadrer et orienter les décisions. [...]

* le *reporting* : le fait de devoir faire des petits comptes-rendus de son travail à son supérieur hiérarchique.

Philippe Malaisé, *CFDT IntercoMag*, n° 257, octobre-décembre 2023

2 ESSAI ARGUMENTÉ

Écrivez un texte argumentatif de 250 mots minimum sur ce sujet :

Vous êtes représentant(e) des employés dans votre entreprise. La direction vient d'annoncer que tout l'équipement numérique allait être changé le mois prochain et que des outils d'intelligence artificielle seraient largement utilisés et assisteraient tous les employés dans leur travail. Au nom des employés, vous écrivez à la direction. Vous faites part des inquiétudes de tous les employés face à cela et vous proposez des solutions pour une mise en place modérée et concertée.

Conseils
- Contrairement à la synthèse, dans l'essai argumenté, vous développerez votre point de vue. Il suivra un déroulement logique, avec une introduction, une conclusion, une progression cohérente et des arguments soutenus par des exemples.
- Le sujet portant toujours sur le même thème que la synthèse, vous pouvez utiliser les textes lus pour soutenir votre propos (exemples, références, idées...).
- Respectez bien le sujet : il oriente votre point de vue et vous donne un contexte, un rôle (ex. : vous êtes un journaliste, un lecteur, un économiste, un parent d'élève...) qui implique un registre de langue, un ton et un objectif (convaincre, critiquer, réfuter...). Cette adéquation au sujet est notée à l'examen.

UNITÉ 7 — La justice et le droit

LEÇON 1 • La justice est-elle universelle ?

VOCABULAIRE

1. Reliez ces mots à leur définition.

a. Le bon sens
b. La morale
c. Une doléance
d. Une saisine
e. La souveraineté

1. C'est une plainte ou une réclamation.
2. C'est l'ensemble des règles de bonne conduite.
3. C'est l'indépendance d'un État.
4. C'est la capacité de bien juger.
5. C'est la déclaration d'un litige auprès de la justice.

GRAMMAIRE

2. Soulignez dans le texte les expressions qui expriment la concession.

Bien qu'ils soient divorcés depuis un mois, leur situation n'est toutefois pas très claire pour ce qu'il s'agit de la garde des enfants et de la vente de leur maison. Pourtant, ils ont fait appel à un médiateur pour essayer de trouver des compromis. Mais il reste encore certains désaccords en dépit de la bonne entente qui règne entre eux.

3. Complétez les phrases suivantes.

a. J'aimerais beaucoup vivre à Paris malgré ....
b. J'adore voyager cependant ....
c. Je souhaiterais me marier bien que ....
d. Je suis très attaché(e) à mon pays mais ....

COMPRÉHENSION ORALE

4. 🔊 27 Écoutez et répondez aux questions.

a. Une comparution immédiate signifie ...
   1. un jugement rapide. ☐
   2. une condamnation rapide. ☐
   3. un emprisonnement rapide. ☐

b. D'emblée signifie ...
   1. spontanément. ☐
   2. durement. ☐
   3. directement. ☐

c. Pourquoi certains dossiers doivent être renvoyés à une date ultérieure ?
   ....
   ....

d. Quelle personne est chargée de l'organisation des audiences ?
   1. L'huissière. ☐
   2. La présidente. ☐
   3. La prévenue. ☐

e. Peine perdue signifie ...
   1. une condamnation décalée. ☐
   2. un effort inutile. ☐
   3. une condamnation annulée. ☐

COMPRÉHENSION ÉCRITE

5 Lisez le texte et répondez aux questions.

PRÉJUDICE ANIMALIER : pourquoi cette décision de justice inédite est une avancée dans la protection des animaux

C'est une première en France. Jeudi 11 janvier 2024, le tribunal correctionnel de Lille a reconnu un « préjudice animalier » dans une affaire de cruauté animale. Le 14 juillet 2023, Lanna, une chatte d'à peine un an, est décédée après de multiples coups portés à la tête. Le père de la famille à laquelle elle appartenait a reconnu les faits. Il a été condamné à huit mois d'emprisonnement avec sursis simple et à l'interdiction définitive de détenir un animal de compagnie. Ainsi qu'à verser des indemnités à l'association de défense des animaux qui se portait partie civile, la Ligue protectrice des animaux du nord de la France (LPA-NF), au titre du préjudice matériel, du préjudice moral et – c'est ce qui est inédit – du préjudice animalier.

C'est donc bien l'association qui va recevoir 100 € pour ce dernier préjudice et non l'animal. « C'est un concept nouveau. Le préjudice animalier reconnaît à l'animal un statut de victime et la souffrance subie. Alors certes, de manière symbolique pour l'instant, car c'est une petite somme. Mais moralement, c'est fort », souligne […] Graziella Dode, avocate au Barreau de Lille, qui a fait reconnaître ce préjudice. Spécialisée en droit animalier et droit de l'environnement, l'avocate explique s'être inspirée de ce qui avait été fait pour le préjudice écologique à l'époque de l'affaire Erika pour défendre ce cas.

À voir si cette décision fait jurisprudence. Jacques-Charles Fombonne, président de la Société protectrice des animaux (SPA), a notamment émis quelques réserves sur ce que représente cette catégorisation juridique. Le statut des animaux domestiques, apprivoisés ou en captivité, est aujourd'hui régi par le Code civil, sous le régime juridique des meubles. Un régime dont il est compliqué de sortir, malgré ce préjudice animalier. « Nous déposons plainte 300 à 400 fois par an et nous sommes indemnisés au titre d'un acte qui contrevient à notre but associatif, c'est-à-dire la protection animale », explique-t-il […].

La reconnaissance d'un préjudice animalier n'implique pas qu'un animal puisse être indemnisé directement. « Tant qu'il n'a pas de personnalité juridique, l'animal ne peut être indemnisé en tant que tel, reconnaît l'avocate. Mais c'est tout de même une petite révolution, car c'est une décision isolée qui crée un précédent. On a fait un pas dans l'évolution du statut de l'animal. » Ce que reconnaît tout de même Jacques-Charles Fombonne. « Sous quelque forme juridique que ce soit, à partir du moment où l'on reconnaît un préjudice à l'animal, c'est la marque d'une évolution de la société vers davantage d'attention pour les animaux, conclut-il. Ça va dans le bon sens. »

Lucie Hennequin, *HuffPost*, 16/01/2024

a. Un préjudice signifie …
  1. un assassinat. ☐
  2. un jugement. ☐
  3. un acte malveillant. ☐

b. Un emprisonnement avec sursis simple signifie que …
  1. le condamné restera en prison pour une courte durée. ☐
  2. le condamné fera sa peine s'il récidive. ☐
  3. le condamné fera sa peine dans une prison proche de son domicile. ☐

c. L'association de défense des animaux se portait partie civile signifie que …
  1. l'association a saisi la justice de cette affaire. ☐
  2. l'association est accusée de ce délit. ☐
  3. l'association est propriétaire de l'animal victime. ☐

d. Dans le cas de cette affaire, qui a été indemnisé ?
....
....

PRODUCTION ÉCRITE

6 Exposez votre opinion dans un texte clair en utilisant les expressions de la concession.

Le ministre de la Justice vient d'annoncer qu'il souhaite proposer une loi qui permettrait que les mineurs soient jugés comme des adultes à partir de 12 ans. D'après lui, cela permettrait de lutter contre les violences exercées par les mineurs.

UNITÉ 7

LEÇON 2 • Quand le droit s'en mêle

VOCABULAIRE

1 Qui est qui ? Reliez.
- a. Un(e) magistrat(e)
- b. Un(e) avocat(e)
- c. Un jury
- d. Un(e) greffier/greffière
- e. Un(e) témoin

1. C'est la personne qui a assisté au délit.
2. C'est la personne qui défend l'accusé ou la victime.
3. C'est l'ensemble des personnes civiles qui jugent une affaire.
4. C'est la personne qui peut être juge ou procureur.
5. C'est la personne qui a pour charge l'organisation d'un procès.

2 Reliez ces expressions à leur explication.
- a. Monter à la barre
- b. Prêter serment
- c. Plaider innocent
- d. Rendre un verdict

1. Se dire non coupable.
2. Défendre quelqu'un.
3. Donner sa décision.
4. S'engager solennellement.

GRAMMAIRE

3 Complétez les phrases suivantes.

a. Il est impensable que ....

b. Il est choquant de ....

c. Il est révoltant que ....

d. Il est inhumain de ....

e. Il est inconcevable que ....

COMPRÉHENSION ORALE

4 🔊 28 Écoutez et répondez aux questions.

a. La réinsertion, c'est …
  1. le fait de retrouver une place au sein de la société. ☐
  2. le fait de commettre une nouvelle infraction après une condamnation. ☐

b. La récidive signifie …
  1. retrouver une place au sein de la société. ☐
  2. commettre une nouvelle infraction après une condamnation. ☐

c. Quels accompagnements à la réinsertion propose l'association l'Îlot ?
....

d. D'après Ludovic Gorez, quelle est la difficulté majeure pour les anciens détenus ?
....

e. Quels sont les domaines professionnels qui sont proposés aux anciens détenus ?
....

COMPRÉHENSION ÉCRITE

5 Lisez le texte et répondez aux questions.

Un meurtre vieux de 15 ans en passe d'être élucidé par le pôle « cold cases » de Nanterre

Un homme suspecté d'avoir tué Caroline Marcel sur les bords du Loiret en 2008 a été écroué samedi, a indiqué le parquet où cette affaire avait été transmise au pôle « cold cases » de Nanterre. Installé au tribunal judiciaire de Nanterre dans les Hauts-de-Seine, ce pôle national des crimes non élucidés se penche sur des affaires parfois vieilles d'un demi-siècle.

Interpellé et placé en garde à vue mardi à Toulouse, l'homme a été présenté samedi après-midi à une juge d'instruction de ce pôle national dédié aux affaires non élucidées. Il a gardé le silence pendant son interrogatoire de première comparution, a précisé le parquet dans un communiqué, avant d'être mis en examen et placé en détention provisoire pour meurtre. Il avait 18 ans au moment des faits. En juin 2008, Caroline Marcel avait été tuée alors qu'elle était partie faire son jogging près d'Olivet, dans la banlieue sud d'Orléans dans le Centre-Val de Loire.

Progrès techniques

C'est « une nouvelle exploitation des scellés » qui « a permis l'identification d'un profil génétique sur la clé de la voiture » de la victime, âgée de 45 ans, a détaillé le parquet. Une identification permise par « les progrès techniques réalisés en matière d'extraction de traces et empreintes sur des surfaces précédemment inexploitables », a ajouté le parquet. « Ceci a conduit à l'identification d'un homme âgé de 18 ans et présent dans le secteur au moment des faits », selon cette même source.

Une division inédite

Depuis le 1er mars 2022, la France s'est attaquée aux affaires criminelles non élucidées en mettant sur pied ce pôle national dédié aux « cold cases ». Une division inédite, installée au tribunal judiciaire de Nanterre, en banlieue parisienne, qui se penche sur des affaires parfois vieilles d'un demi-siècle ayant résisté aux enquêteurs. La « transversalité » est au cœur des stratégies d'enquête : expertises ADN, approche comportementaliste du passage à l'acte, élaboration de cartes mentales... Le pôle développe aussi « le partage d'expertises juridiques et scientifiques » avec d'autres pays.

Le premier procès du pôle s'est tenu en décembre devant la cour d'assises des Hauts-de-Seine : Monique Olivier, ex-épouse du tueur et violeur en série Michel Fourniret, a été condamnée à la réclusion criminelle à perpétuité pour complicité dans les enlèvements et meurtres de Marie-Angèle Domèce, Joanna Parrish et Estelle Mouzin. Elle avait avoué sa responsabilité dans ces affaires, vieilles de 35, 33 et 21 ans, à la juge d'instruction Sabine Kheris, coordinatrice de ce pôle.

Jean Forneris et AFP, France Info (France 3 Paris-Île-de-France), 21/01/2024

a. Quelle serait la traduction en français de « cold case » ?
1. Une affaire non résolue. ☐
2. Une affaire d'un autre siècle. ☐

b. Être écroué(e) signifie ...
1. être condamné(e). ☐
2. être innocenté(e). ☐
3. être emprisonné(e). ☐

c. Quel nouvel élément a permis d'arrêter le coupable ?
....
....

d. Quelles sont les particularités du pôle « cold cases » de Nanterre ?
....
....

e. Être condamné(e) à la réclusion criminelle à perpétuité signifie ...
1. être condamné(e) à de la prison avec sursis. ☐
2. être condamné(e) à la prison à vie. ☐
3. être condamné(e) à la prison avec un aménagement de peine. ☐

PRODUCTION ÉCRITE

6 Décrivez de manière claire et détaillée un procès célèbre qui a eu lieu dans votre pays.

UNITÉ 7

LEÇON 3 • Rôle éducatif de la justice

VOCABULAIRE

1 Reliez ces mots à leur définition.
- a. Une plaidoirie
- b. Le/La garde des Sceaux
- c. Une incarcération
- d. Un délit
- e. Une peine

1. C'est le fait d'emprisonner quelqu'un.
2. C'est le discours qui présente les arguments de la défense.
3. C'est une infraction que l'on a commise.
4. C'est le ou la ministre de la Justice.
5. C'est la sanction appliquée par la justice.

2 Reliez ces mots à leur synonyme.
- a. Une infraction
- b. Un(e) détenu(e)
- c. Un(e) juge
- d. Une incarcération
- e. Une sanction

1. Un(e) magistrat(e)
2. Une condamnation
3. Un(e) prisonnier/prisonnière
4. Un emprisonnement
5. Un délit

GRAMMAIRE

3 Réécrivez les phrases en remplaçant les expressions soulignées par les mots suivants. Faites les changements nécessaires.

condamner – criminalité – détention – à vie – punition

a. Sa peine d'<u>emprisonnement</u> a été réduite de plusieurs mois grâce au programme de formation qu'il a suivi.
....

b. Cette réforme de la justice propose de lutter contre <u>le crime</u> par des moyens répressifs.
....

c. La juge <u>a infligé des peines</u> avec sursis aux jeunes qui étaient accusés.
....

d. <u>Sa sanction</u> est de devoir effectuer plusieurs de travaux d'intérêt général.
....

e. Il a été condamné à la prison <u>à perpétuité</u>.
....

COMPRÉHENSION ORALE

4 🔊 29 Écoutez et répondez aux questions.

a. Restaurative signifie …
  1. qui permet de réparer. ☐
  2. qui permet de condamner. ☐

b. Pour qui sont organisés ces cercles ?
....

c. Quelles sont les qualités attendues pour devenir volontaire ?
....

d. Quels sont les objectifs de ces cercles ?
....

COMPRÉHENSION ÉCRITE

5 Lisez le texte et répondez aux questions.

À Rouen, la prison Bonne-Nouvelle prend l'eau de toute part : « Comme dans un film en noir et blanc »

Murs recouverts de moisissures sur lesquels l'eau ruisselle, toitures qui fuient, plus d'une quarantaine de cellules condamnées en raison de leur insalubrité, un plafond de douches écroulé… L'état de la maison d'arrêt Bonne-Nouvelle à Rouen (Seine-Maritime), qui abrite autour de 600 détenus, ne cesse d'alimenter la chronique locale.

La semaine dernière, comme l'a révélé le média d'investigation locale *Le Poulpe*, une cinquantaine de détenus ont dû être transférés en urgence dans d'autres prisons (à Beauvais, Caen, Val-de-Reuil…) à la suite d'un audit de sécurité qui pointait « des faiblesses sur les pignons » de plusieurs bâtiments. Un danger qui « ne serait pas imminent » selon l'administration, mais qui a tout de même nécessité cette évacuation express et la fermeture de différentes salles d'accueil et de réunion.

Quelques jours plus tôt, l'avocate Me Julia Massardier évoquait ce risque qu'elle redoutait pour ses clients incarcérés à Rouen : « Pour eux, ce serait une catastrophe d'être transférés ailleurs. Ici, ce ne sont que de courtes peines ou des personnes qui attendent leur jugement en détention. Leurs liens familiaux sont ici, leurs chances de réinsertion aussi. Cet éloignement contraint serait une catastrophe pour eux. »

Avec sa consœur, Me Sanson, l'avocate a déposé une série de recours devant le tribunal administratif pour qu'un expert soit nommé afin de dresser un constat exhaustif de l'état de la prison dont les cellules restantes sont saturées « avec trois détenus qui doivent cohabiter dans des espaces de 9 m^2 sans pouvoir être debout en même temps ».

Le député socialiste de Seine-Maritime, Gérard Leseul, a pu lui aussi constater l'étendue des dégâts en décembre dernier. « En pénétrant à l'intérieur, j'ai eu l'impression d'entrer dans un film en noir et blanc des années 1950 », se remémore l'élu qui a dans la foulée pris la plume pour demander au garde des Sceaux, Éric Dupond-Moretti, ce qu'il comptait faire pour remédier à ces problèmes qui « entraînent du stress et de l'insécurité pour l'ensemble du personnel et des détenus ». Pour l'heure, pas de réponse précise. Sollicités, syndicats et direction ne souhaitent visiblement plus communiquer sur la question. Attendu dans quelques semaines, un rapport d'experts devrait faire un état des lieux de la situation et présenter les différentes hypothèses envisagées pour l'avenir. Déménagement ou rénovation ? Pour l'heure, rien ne semble tranché.

Laurent Derouet, *Le Parisien*, 12/02/2024

a. L'insalubrité signifie …
  1. la promiscuité. ☐
  2. la nocivité. ☐

b. Qu'est-ce qu'une maison d'arrêt ?
  1. Une prison. ☐
  2. Un commissariat. ☐

c. Pourquoi certains détenus ont dû être transférés en urgence de la prison ?
....

d. Pourquoi Me Julia Massardier s'inquiète de ces transferts ?
....

e. Qu'a fait le député Gérard Leseul suite à la visite de cette prison ?
....

PRODUCTION ÉCRITE

6 Relisez le texte de l'exercice 5. Identifiez les informations clés, faites un petit résumé des idées principales en quelques phrases et donnez votre avis quant à une solution possible.

ENTRAÎNEMENT AU DALF C1

COMPRÉHENSION ORALE

Exercice 1

🔊 30 Écoutez le document sonore et répondez aux questions, dans les conditions du DALF :
- Prenez 3 minutes pour lire les questions.
- Puis, écoutez le document sonore une première fois.
- Prenez 3 minutes pour commencer à répondre aux questions.
- Écoutez le document sonore une deuxième fois.
- Complétez vos réponses en 5 minutes.

Vous pouvez consulter les conseils donnés en page 10.

a. Selon Léo Fitouchi, en quoi le « sens de justice » est-il différent d'un raisonnement rationnel ?
....

b. Des expériences avec des marionnettes tendent à montrer que le sens de la justice...
   1. existe dès la petite enfance. ☐
   2. est partagé chez les primates. ☐
   3. découle de l'éducation humaine. ☐

c. Selon Léo Fitouchi, pourquoi ces expériences avec des marionnettes ont leur limite ?
   1. Les procédés utilisés font encore débat chez les scientifiques. ☐
   2. Le fait que les résultats soient toujours similaires reste incertain. ☐
   3. Le nombre d'expérimentations réalisées est minime pour l'instant. ☐

d. Comment Léo Fitouchi explique-t-il qu'une capacité innée peut apparaître tardivement ?
....

e. Selon Léo Fitouchi, comment est activée la capacité du sens de la justice ?
....

f. Comment Léo Fitouchi explique-t-il qu'une capacité doit être biologiquement prédéterminée pour exister ?
....

g. Selon Léo Fitouchi, de quoi s'aperçoit-on si l'on compare toutes les sociétés humaines ?
....

h. Selon Léo Fitouchi, quelle est la norme la plus répandue chez tous les humains ?
   1. L'entraide entre individus du même groupe. ☐
   2. La prise en charge des enfants de la communauté. ☐
   3. L'adhésion aux valeurs définies par la collectivité. ☐

i. À quoi sert le sens de la justice chez les humains, selon Léo Fitouchi ?
....

j. Qu'est-ce qui est nécessaire à la survie humaine, selon Léo Fitouchi ?
....

k. Pourquoi un changement brusque ne modifierait pas notre mode de pensée, selon Léo Fitouchi ?
   1. Car nos mécanismes cognitifs sont régis par une lente évolution. ☐
   2. Car nos paramètres biologiques résultent d'un environnement stable. ☐
   3. Car nos capacités mentales se limitent à des adaptations temporaires. ☐

PRODUCTION ORALE

Entraînez-vous dans les conditions du DALF : 1 heure pour la préparation.

1 Exposé

Lisez les deux textes ci-dessous : « L'intelligence artificielle (IA) dans les décisions de justice : une révolution en cours » et « L'intelligence artificielle et la justice font-elles bon ménage ? ».
À partir de ces lectures, préparez un exposé argumentatif de 8 à 10 minutes sur le thème suivant :
« L'intelligence artificielle peut-elle servir la justice ? ».

Votre exposé devra comporter une introduction et une conclusion et mettre en évidence quelques points importants (3 ou 4 maximum).
Votre exposé n'est pas un compte-rendu des textes. Vous utiliserez leur propos mais développerez une réflexion personnelle.
L'usage de dictionnaires monolingues français / français est autorisé.

Conseils
- L'épreuve de production orale C1 n'est pas une synthèse. Vous devez présenter votre opinion personnelle, de manière organisée et argumentative.
- Les documents vous donneront des idées, des exemples, des pistes de réflexions. Mais l'examinateur attendra aussi que vous introduisiez des idées, commentaires ou exemples qui ne se trouvent pas dans les documents.
- Votre exposé devra suivre une logique claire, bien compréhensible par la personne qui vous écoute. Il faudra ainsi bien montrer le passage d'une idée à une autre.

  Vous organiserez vos idées dans un plan :
  – introduction qui présente le thème, la problématique et le plan ;
  – développement de votre opinion en deux ou trois parties, soutenue par des exemples ;
  – conclusion.
- L'examinateur ne jugera pas (et n'a pas le droit de juger !) votre opinion, vos idées. Il jugera l'organisation de votre exposé, la manière dont vous introduisez, présentez, argumentez et liez vos idées.
- Vous n'aurez pas le temps d'écrire tout votre exposé, et vous devrez parler directement aux examinateurs, et non lire un texte. Sur votre brouillon, vous organiserez un plan, noterez vos idées principales et les exemples et arguments qui les soutiendront. Vous pouvez aussi noter les mots (connecteurs logiques) qui vous permettront de passer clairement d'une idée à une autre.

Texte 1 :

L'intelligence artificielle (IA) dans les décisions de justice : une révolution en cours

[…]

Intelligence artificielle et justice : quels outils ?

L'intelligence artificielle fonctionne sur la base d'algorithmes : des calculs effectués à partir d'une base de données conduisent à un résultat. Ces formules mathématiques permettent de sélectionner des informations et de les classer (l'ensemble des décisions prises par un tribunal en matière de divorce, par exemple).

Des start-up spécialisées (la *legaltech*) ont créé des logiciels pour accompagner les acteurs de la justice, en particulier les magistrats et avocats, dans leur travail. Les algorithmes peuvent aider à la prise de décision, assister un juge lors de l'instruction d'un dossier, par exemple, en l'informant de tous les jugements rendus par les tribunaux français dans des affaires similaires.

Concrètement, soit le magistrat choisit lui-même des critères (mots-clés, textes, etc.) dans une base de données pour en extraire les affaires similaires à celle qu'il doit traiter, soit l'extraction est effectuée automatiquement par un logiciel et le juge retient ce qui l'intéresse. L'IA accélère la recherche d'informations mais c'est le juge seul qui prend la décision. La prédiction de décision va plus loin. Elle propose au juge une décision de justice. Dans ce cas, un logiciel analyse de très nombreux exemples et en tire « automatiquement » des règles de décision.

…/…

ENTRAÎNEMENT AU DALF C1

Autrement dit, pour le professeur Bruno Dondero, « c'est tenter de prédire avec le moins d'incertitude possible ce que sera la réponse de la juridiction X quand elle est confrontée au cas Y ».

Par exemple, un logiciel peut prévoir l'indemnité de licenciement qu'un salarié pourrait obtenir en se basant sur l'ensemble des jugements rendus aux prud'hommes. Même processus : soit le magistrat choisit lui-même les critères, soit l'algorithme associe à chaque cas une indemnité.

Réponse personnalisée, traitement plus rapide des affaires, meilleure uniformisation des décisions de justice… L'IA est plébiscitée par les acteurs de la justice (juges, greffiers, avocats). […]

L'utilisation de ces outils modifie profondément le travail des magistrats et des acteurs de la justice. Leur essor à venir posent des questions d'éthique. Certains professionnels s'inquiètent de possibles dérives et appellent à la prudence, en particulier en matière de justice prédictive.

Les dangers d'une justice prédictive : mythe ou réalité ?

Les robots vont-ils remplacer les juges ? La crainte d'une justice automatique et déshumanisée revient souvent dans les critiques de l'intelligence artificielle.

Des expériences étrangères utilisent déjà des logiciels pour rendre la justice et, par là, désengorger les tribunaux et alléger les coûts. Dans l'Ontario (Canada), un « tribunal virtuel » est chargé de trancher les conflits entre voisins ou entre salarié et employeur. Au Québec, un logiciel permet également de régler les petits contentieux commerciaux. En Estonie, un robot devrait bientôt établir la culpabilité d'une personne pour des litiges « mineurs » (moins de 7 000 euros).

[…] Gregory Lewkowicz, professeur de droit à Bruxelles, considère que les juristes doivent s'adapter : « La matière est par essence évolutive, c'est au cœur de la pratique que d'ajuster, continuellement, la règle aux réalités concrètes de l'époque. » Il estime que le risque serait plutôt « d'être otages d'opérateurs privés et d'algorithmes opaques ».

Les questions éthiques sur l'opacité des algorithmes et les éventuels biais dans leur analyse restent entières. En Amérique du Nord, des juristes dénoncent déjà des biais raciaux dans les algorithmes qui pénalisent les minorités ethniques. […]

Pour le secrétaire général de l'Institut des hautes études sur la justice (IHEJ), « le numérique ne livre pas des décisions de justice, il apporte des solutions ». Cette technologie constitue « un remède à la lenteur de la justice » et favorise l'accès à la justice et à l'information. Mais, prévient-il, « il y a un pas à ne pas franchir » qui serait un « usage performatif » (ou « effet moutonnier ») qui pousserait à prendre toujours les mêmes décisions et mettrait en cause l'indépendance du juge. Il revient à l'État de garantir l'impartialité des algorithmes utilisés. Le magistrat rappelle que le rôle des pouvoirs publics est bien de contrôler les *legaltech* qui peuvent affecter nos valeurs. […]

Vie-publique.fr, 22/11/2021

Texte 2 :

L'intelligence artificielle (IA) et la justice font-elles bon ménage ?

L'IA offre-t-elle la perspective d'une justice plus juste ? Pour le professeur Raja Chatila […] les biais algorithmiques sont potentiellement plus dangereux que les biais humains. […]

Le Point : L'IA nous promet une justice plus « juste » et plus rapide. En quoi peut-elle améliorer la justice ?

Raja Chatila : La justice est rendue par des êtres humains dans le cadre d'une institution qui en assure normalement l'équité et de lois qui sont interprétées et appliquées dans le contexte précis de l'affaire jugée, en tenant compte de l'histoire des personnes impliquées et des circonstances précises des actes commis. […]

L'affirmation selon laquelle « avec l'IA la justice sera plus juste » n'est pas convaincante. Elle s'appuie essentiellement sur des études, qui ont été critiquées, qui montrent que les humeurs passagères de certains juges, selon le moment de la journée, influencent leurs décisions.

La justice sera-t-elle plus rapide ? Le gain de temps, surtout dans les affaires les plus simples, est l'argument le plus souvent avancé pour justifier l'utilisation de l'IA dans la justice. Une chose est de doter la justice de moyens plus efficaces pour travailler, comme des logiciels puissants permettant de réunir plus vite les éléments nécessaires à la prise de décision ; mais c'est tout autre chose de se diriger vers une justice automatisée, avec des décisions toutes faites, et avec le risque d'abandonner ses principes fondamentaux, notamment le principe du contradictoire. […]

L'IA n'est pas exempte de biais puisqu'elle prend appui sur des données produites par des êtres humains. Est-elle « équipée » pour éliminer ces imperfections et tendre à l'impartialité ?

La question du biais dans les données et dans les mécanismes de décision des systèmes d'IA est bien réelle ! Il peut y avoir un juge partial, ce qui n'a de conséquence que dans son tribunal, et ce type d'écart peut être corrigé à l'aide de moyens « humains ». En revanche, si tous les tribunaux utilisaient une IA biaisée, c'est tout le système judiciaire

…/…

qui le deviendrait de manière systématique. Or, il n'y a pas d'outils efficaces pour repérer ces biais et leurs effets sur les données produites.

Le logiciel Compas […] en est la parfaite illustration. Cet outil, utilisé dans les États de New York et de Californie, vise à prédire les risques de récidive d'un condamné. […] Or, ce système a conduit à des discriminations en stigmatisant les populations noires et hispaniques. Tout cela milite pour encadrer les usages de l'IA dans le domaine de la justice, et pour la nécessité de toujours vérifier la validité de leurs sorties.

Le rituel du procès, son espace-temps symbolique, sa solennité, son autorité, mais aussi la confrontation humaine, l'émotion et l'aléa : peut-on se permettre d'éclipser ces fondamentaux de l'audience au profit de la froideur mécanique d'une machine ?

[…] La question de l'autorité sur laquelle repose la justice est au cœur de cette réflexion. Si on confie la justice à la machine, on exigera d'elle qu'elle soit infaillible, et ce sera là le socle de son autorité. Car si elle venait à se tromper, c'est tout le système judiciaire qui s'écroulerait, et avec lui, la confiance de la société dans la justice. Or, la machine ne sera jamais infaillible.

Si la justice ne doit pas être celle de la machine, elle ne peut pas non plus être celle de l'émotion et de l'empathie. Elle résulte de la sagesse, du discernement, elle cherche d'abord à comprendre avant de juger, de manière que le jugement soit accepté par tous. Cela, l'IA en est incapable, car elle ne vit pas dans le monde réel des humains. […]

Ne faut-il pas craindre qu'avec l'IA la justice soit « gouvernée » par des sociétés privées ?

Si la justice est tributaire de la machine, ceux qui conçoivent et nourrissent les outils d'IA pourraient influencer ou indirectement contrôler le processus judiciaire, voire son résultat, même sans intention explicite de le faire. S'il y a une trop forte dépendance vis-à-vis de la technologie, la justice, qui est l'un des socles de la société, pourrait s'en trouver fragilisée.

La justice est avant tout une question d'histoires humaines individuelles. Quelles limites doit-on poser pour définir une utilisation éclairée et « éthique » des algorithmes en matière judiciaire ?

Les systèmes d'intelligence artificielle peuvent apporter des éléments qui informent, par exemple, de la jurisprudence, à partir de données sur des affaires similaires, ou des textes de loi pertinents. À ce titre, ils peuvent aider les différentes parties à mieux préparer le procès et à appliquer la loi. Mais cet usage devra toujours être effectué en utilisant des systèmes certifiés et sous le contrôle des humains.

Je pense que l'utilisation des algorithmes devra se limiter à collecter des informations pour établir la véracité des faits, rechercher des textes de loi et des jurisprudences, accompagner l'enquête, mais il ne faudra en aucun cas laisser les algorithmes déterminer la culpabilité d'une personne, désigner un responsable, fixer une peine ou une indemnité, bref, fabriquer un jugement. […]

Laurence Heuer, *Le Point*, 18/11/2023

2 Entretien

Lors du DALF, à la suite de la présentation de votre exposé, le jury vous posera des questions et débattra avec vous sur ce sujet.

Présentez votre exposé à un(e) ou plusieurs camarades et réalisez un petit débat ensemble sur ce sujet.

Puis, écoutez l'exposé d'un(e) camarade. Présentez-lui d'autres arguments pour qu'il/elle développe sa réflexion et réponde à vos questions et réfutations.

Conseils

- Pendant cet entretien, le jury aura souvent une opinion différente de la vôtre, il vous donnera l'impression qu'il n'est pas d'accord avec vous. N'ayez pas peur, c'est normal ! L'examinateur veut que vous souteniez votre opinion. Vous pouvez la nuancer, mais vous devez aussi l'argumenter, la justifier.
- Cet exercice est un débat : restez d'accord avec vous-même, et exprimez clairement vos arguments et vos exemples !
- L'examinateur ne jugera pas (et n'a pas le droit de juger !) votre opinion, vos idées. Il jugera votre capacité à argumenter, à développer vos idées, à soutenir votre point de vue et à répondre à ses questions.

UNITÉ 8 — L'histoire

LEÇON 1 • Narrer

VOCABULAIRE

1 Associez ces deux colonnes pour retrouver les expressions.

a. Le devoir
b. Un champ
c. Un coup
d. La chair

1. de poule.
2. de bataille.
3. de feu.
4. de mémoire.

2 Complétez les phrases avec les mots suivants. Faites les accords nécessaires.

période – conflit – combattant – génération – colonial

a. Ces anciens .... marocains qui ont servi sous le drapeau français durant la Seconde Guerre mondiale n'ont été reconnus que dans les années 2000.

b. Le .... entre ces deux nations pousse l'Europe à se positionner.

c. La durée d'une .... correspond généralement à vingt-cinq ans.

d. La Renaissance est la .... historique qui a énormément invisibilisé les femmes au pouvoir.

e. Le passé .... de la France, que ce soit l'Indochine ou l'Algérie, est très peu étudié à l'école.

GRAMMAIRE

3 Réécrivez ce texte sur une feuille en utilisant le présent de narration.

> Chaque soir, sur le chemin de retour, je lui tenais le bras tendrement. Nous traversions parfois le Monoprix pour faire quelques courses. Je terminais systématiquement avec un jouet ou des bonbons. Elle ne savait pas me dire non. Ou, plutôt, elle ne me refusait rien, seul bénéfice de l'enfant unique adoré. Ma bienfaitrice avec moi, on traversait l'avenue de l'Opéra, la rue Gaillon et nous arrivions enfin chez nous, dans notre rue, ce territoire étrange dont le bar-tabac dessinait la frontière secrète.
> C'était la principauté de mon père, Julian, le gardien du théâtre de la Michodière, situé dans la rue du même nom. Il y tenait le pavé et le zinc des comptoirs. Il ouvrait les grilles du théâtre chaque matin, apportait le courrier dans les bureaux de la direction, puis s'asseyait sur les longues marches en pierre.
>
> Maria Larrea, *Les gens de Bilbao naissent où ils veulent*, Grasset, p. 25

COMPRÉHENSION ORALE

4 🔊 31 Écoutez et répondez aux questions.

a. La panthéonisation de Missak Manouchian signifie que …
   1. son nom va être inscrit au Panthéon. ☐
   2. sa dépouille va être transférée au Panthéon. ☐

b. Que signifie « le sang versé pour la France a la même couleur pour tous » ?

....

c. Quels sont les deux aspects que représente la panthéonisation de Missak Manouchian ?

....

d. Quel est l'antonyme de « consensuel » ?
   1. Conflictuel. ☐   2. Accepté. ☐
e. Est-ce que la panthéonisation de Gisèle Halimi fait l'unanimité ?
....

COMPRÉHENSION ÉCRITE

5 Lisez le texte et répondez aux questions.

Joséphine Baker, une star et une résistante

Née le 3 juin 1906 dans le Missouri aux États-Unis, Freda Joséphine McDonald est d'origine afro-américaine et amérindienne. C'est dès l'adolescence qu'elle s'initie à la danse et rejoint le trio d'artistes de rue, le Jones Family Band. Mariée très jeune, elle gagne sa vie en dansant avant de quitter son second mari pour partir à New York tenter sa chance à Broadway en 1921, avant d'atterrir à Paris en 1925, dans un spectacle exotique de jazz présenté au Music-hall des Champs-Élysées d'octobre à novembre de cette année-là : la *Revue nègre*.

Recrutée à New York comme danseuse dans la version américaine de la *Revue*, Joséphine Baker ne se doute pas qu'elle y jouera un rôle capital. C'est le forfait de la vedette principale, qui a refusé d'accompagner le spectacle en France, qui la placera sur le devant de la scène, et le désir des promoteurs parisiens d'exploiter son expressivité explosive qui la conduira à interpréter le sulfureux tableau final qui déchaînera le scandale à Paris. Le succès lui permet alors de se lancer dans la chanson et le cinéma. Plusieurs de ses chansons deviennent des succès internationaux, comme *J'ai deux amours*.

Devenue française après son mariage en 1937, sa carrière et sa vie prendront un autre tour durant l'Occupation. Approchée par un officier proche du général de Gaulle, elle devient une espionne, passant messages et microfilms à travers l'Europe et le bassin méditerranéen, depuis la Maroc où elle s'installe à partir de 1941. Au lendemain de la guerre, elle recevra la médaille de la Résistance.

Femme engagée pour la liberté et contre le racisme, elle est aussi une mère attentionnée pour les 12 enfants venus du monde entier qu'elle adoptera après-guerre avec son mari Jo Bouillon. Victime de discrimination à New York en 1951, elle soutient le mouvement des droits civiques naissant, et sera l'une des seules femmes à prononcer un discours lors de la fameuse marche sur Washington de Martin Luther King en 1963.

Elle meurt en 1975, alors que, à 68 ans, elle venait de faire son retour sur scène à Paris. Sa vie a été marquée par la liberté et l'engagement. C'est donc comme une grande femme à qui la Patrie est reconnaissante qu'elle est entrée symboliquement dans le temple des grandes figures de la République, le Panthéon, le 30 novembre 2021, le jour anniversaire de sa naturalisation française.

Fondation pour la mémoire de l'esclavage,
https://memoire-esclavage.org/biographies/josephine-baker

a. Comment Joséphine Baker a-t-elle obtenu le premier rôle de la *Revue nègre* ?
....
b. Quel a été le rôle de Joséphine Baker pendant la Seconde Guerre mondiale ?
....
c. La discrimination signifie …
   1. la ségrégation. ☐   2. l'assimilation. ☐
d. Que signifie la naturalisation française ?
....

PRODUCTION ÉCRITE

6 Écrivez le portrait d'une figure historique qui symbolise la résistance dans votre pays. Utilisez le présent de narration.

UNITÉ 8

LEÇON 2 • Analyser

VOCABULAIRE

1 Reliez ces mots à leur définition.
- a. Un fort
- b. Un château
- c. Une enceinte
- d. Un donjon
- e. Une cathédrale

1. Un ouvrage qui entoure un lieu pour en délimiter ou en défendre l'accès.
2. La tour d'un château qui était la demeure du seigneur.
3. Un ouvrage destiné à défendre isolément un lieu.
4. L'église principale d'une ville.
5. Une habitation seigneuriale ou royale.

GRAMMAIRE

2 Soulignez dans les phrases suivantes les expressions utilisées pour nuancer.
- a. Ils auraient certainement dû limiter les mécénats aux particuliers pour la rénovation de ce palais.
- b. Malgré un investissement énorme, on est loin d'avoir achevé le chantier de Notre-Dame.
- c. Les chants traditionnels, dont les comptines pour enfants, devraient faire partie du patrimoine protégé.
- d. Je ne crois pas que ce soit l'aboutissement d'une vie que d'entrer au Panthéon.

3 Réécrivez les phrases suivantes en les nuançant.
- a. L'esclavagisme en France est un sujet peu développé.
....
- b. Le rôle des femmes durant le Moyen Âge a été minimisé par les historiens.
....
- c. Les anciens combattants ont été récompensés selon leur origine.
....
- d. Les anciens présidents de la République peuvent être jugés à présent.
....

COMPRÉHENSION ORALE

4 🔊 32 Écoutez et répondez aux questions.
- a. Qu'est-ce que la Journée européenne du patrimoine ?
....
- b. Susciter l'engouement signifie ...
    1. provoquer l'enthousiasme. ☐   2. interroger. ☐
- c. Quels domaines font partie du patrimoine culturel immatériel ?
....
- d. Quelle critique émettent les spécialistes quant à la sauvegarde du patrimoine immatériel ?
....
- e. Quels exemples de patrimoines immatériels sont cités par le journaliste ?
....

COMPRÉHENSION ÉCRITE

5 Lisez le texte et répondez aux questions.

Les mystères de Notre-Dame de Strasbourg, la somptueuse cathédrale alsacienne

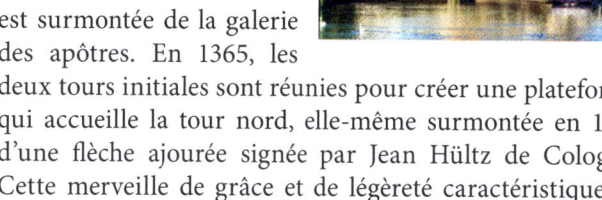

Notre-Dame de Strasbourg est édifiée sur les ruines d'un temple païen, consacré dit-on à Hercule, au centre d'un ancien castrum romain. L'édifice repose sur des pieux enfoncés dans un lit de limon et d'argile. La splendide cathédrale dont le fier beffroi est surmonté d'une des plus hautes flèches de France, visible depuis les Vosges, affiche la prospérité de la cité attestée par les maisons bourgeoises qui se pressent autour d'elle.

La ville de Strasbourg est rattachée au Saint-Empire romain germanique. Elle est autonome et prospère. Ses habitants, bourgeois, artisans et commerçants, financent et gèrent l'édification de leur cathédrale à travers l'Œuvre Notre-Dame.

L'institution est créée en 1206 afin d'assurer la construction et l'embellissement de la cathédrale. La cathédrale en grès rose des Vosges adopte le plan de croix latine. Elle se compose d'une nef à sept travées, flanquée de deux collatéraux et d'un transept. Le chœur et le croisillon nord du transept sont de style roman, tandis que le reste de l'édifice adopte le style gothique. La construction de la façade occidentale avec son magnifique portail s'échelonne sur cent soixante années. La rosace composée d'épis de blé, admirable réalisation d'Erwin von Steinbach, est une des plus grandes de France avec un diamètre de 15 mètres. Elle est surmontée de la galerie des apôtres. En 1365, les deux tours initiales sont réunies pour créer une plateforme qui accueille la tour nord, elle-même surmontée en 1439 d'une flèche ajourée signée par Jean Hültz de Cologne. Cette merveille de grâce et de légèreté caractéristique de l'art gothique tardif culmine à 142 mètres.

Le pilier des Anges offre une représentation inédite du Jugement dernier. Faisant face au pilier, au-dessus de la chapelle Saint-André, un curieux petit homme de pierre observe la colonne d'un air dubitatif. Selon la légende, il attendrait qu'elle tombe… depuis presque mille ans. Une autre curiosité de la cathédrale est son horloge astronomique, réalisée entre 1550 et 1574 par des horlogers suisses. Ici les heures sont comptées par la Mort, et chaque jour à 12 h 30 les apôtres défilent devant le Christ qui les bénit avant que le coq ne lance par trois fois son chant.

Catherine Damien, *Ouest France*, 08/09/2023

a. Être édifiée signifie …
 1. être sacrée. ☐ 2. être construite. ☐ 3. être sculptée. ☐

b. Qu'est-ce que l'Œuvre Notre-Dame ?
....

c. Comment peut-on définir l'architecture de la cathédrale de Strasbourg ?
....

d. Un air dubitatif est un air qui exprime …
 1. le scepticisme. ☐ 2. l'admiration. ☐

e. Quelles œuvres contenues dans la cathédrale sont citées dans l'article ?
....

PRODUCTION ÉCRITE

6 Choisissez un bâtiment qui fait partie du patrimoine de votre pays, puis écrivez un texte pour le décrire et parler de son importance culturelle.

UNITÉ 8

LEÇON 3 • S'approprier

VOCABULAIRE

1 Complétez les phrases avec les mots suivants. Faites les accords nécessaires.
bouc émissaire – revendiquer – commémoration – dicter – abolition

a. Le Vietnam pourrait .... une grande partie des collections du musée Guimet.
b. Ce ne sont pas les politiques qui doivent .... aux historiens ce qu'ils doivent transmettre.
c. Les étrangers sont toujours désignés comme .... par les partis d'extrême droite.
d. L'.. de l'esclavage en France a eu lieu le 27 avril 1848.
e. Pour célébrer l'anniversaire de la fin de ce conflit, une .... va être organisée par l'État.

GRAMMAIRE

2 Soulignez la forme correcte.
a. Les anciens combattants sénégalais sont payés **moins de / moins que** les anciens combattants français.
b. La France a restitué **plus de / plus** régulièrement des œuvres pillées.
c. Son règne a duré **aussi / autant** longtemps que celui de son père.
d. Il n'y a jamais eu **aussi / autant** de documentaires et d'ouvrages sur la guerre d'Algérie, signe que la parole se libère.

3 Complétez les phrases suivantes avec la bonne comparaison.
a. La mémoire collective est (=) .... importante que la mémoire scientifique.
b. Il y a (-) .... danses traditionnelles des régions du Nord inscrites au patrimoine de l'Unesco.
c. Les pays colonisés ont été (+) .... pillés que les autres pays.
d. On peut observer qu'il n'y avait jamais eu (=) .... musées qui se sont inscrits dans les programmes de restitution grâce à l'opinion publique qui leur est défavorable.

COMPRÉHENSION ORALE

4 🔊 33 Écoutez et répondez aux questions.
a. Galvauder signifie …
   1. surexploiter. ☐   2. mal employer. ☐
b. Comment est défini l'esclavage moderne ?
....
c. Avec parcimonie signifie …
   1. généralement. ☐   2. modestement. ☐
d. Indigentes signifie …
   1. insuffisantes. ☐   2. régulières. ☐
e. Le jugement d'un gérant d'un salon de coiffure fera jurisprudence. Qu'est-que cela signifie ?
....

COMPRÉHENSION ÉCRITE

5 Lisez le texte et répondez aux questions.

Podcast « Ma Tonkinoise » : la mémoire enfouie de la colonisation française en Indochine

Les histoires commencent souvent par une fin : un départ, une chute ou une rupture. Pour Hanaë Bossert, la narratrice de *Ma Tonkinoise*, tout débute à la mort de sa grand-mère, Gisèle. Elle y découvre un monde inconnu. Le rituel de ses origines. On entend des phrases – dans le premier des quatre épisodes – du genre « Ne pas avoir les codes pour enterrer correctement sa grand-mère » ou « Les rituels qui s'ajoutent à la peine ». Hanaë Bossert est la narratrice mais elle n'est pas la seule à être perdue. Sa mère et sa tante le sont également. Elles ne parlent pas la langue ; elles ne connaissent pas les codes.

Gisèle était une orpheline vietnamienne. Elle a épousé un militaire français. À quel âge ? Personne ne sait vraiment. Elle était mineure. Elle a modifié sa date de naissance – c'était courant à l'époque – pour entrer dans les clous de la loi. Gisèle vivait dans un appartement chaleureux à Marseille. Des repas, de la musique et des discussions sans fin. Est-ce qu'elle racontait tout ?

On embarque dans la mémoire enfouie. Hanaë Bossert cherche des réponses sur le passé des siens au sens large. La colonisation, la guerre, la violence, les mariages de filles mineures et l'exil. Hanaë Bossert installe une ambiance dans le podcast. Les voix sont multiples. Famille, historiens, chercheurs et Vietnamiens exilés. « Ensemble, ils et elles éclairent les amnésies laissées dans l'histoire, décortiquent les conséquences des métissages et font résonner de nouvelles voix pour mieux déconstruire les clichés sur les asio-descendants », explique l'équipe de Louie Média. « À travers son histoire personnelle, c'est l'histoire de la colonisation française en Indochine que l'on redécouvre, et de la guerre d'indépendance qui peine à exister dans nos mémoires collectives. » *Ma Tonkinoise* est une quête personnelle où tout le monde s'y retrouve. Ceux qui ont un lien avec l'Indochine, forcément, mais pas seulement. Cette histoire parle à ceux qui ont connu de loin ou de près la colonisation, les départs ou l'exil. Elle raconte la transmission, l'héritage et l'intégration. Hanaë Bossert a été « désarçonnée » après le départ de Gisèle. La douleur de perdre sa grand-mère, et le passé qui revient en pleine poire comme un boomerang. La Marseillaise met des mots doux sur les silences, les injustices et les douleurs. Une ode pour ceux qui restent.

Rachid Laïreche, *Libération*, 01/02/2024

a. De quoi Hanaë Bossert est-elle la narratrice ?
   1. D'un roman. ☐
   2. D'un podcast. ☐
   3. De l'article. ☐

b. Enfouie signifie …
   1. cachée. ☐
   2. oubliée. ☐

c. Les clichés signifie …
   1. les photos. ☐
   2. les préjugés. ☐

d. Désarçonné signifie …
   1. déconcertée. ☐
   2. choquée. ☐

e. En quoi le podcast *Ma Tonkinoise* est une quête personnelle ?

....

PRODUCTION ÉCRITE

6 🔊33 Réécoutez l'enregistrement de l'exercice 4. Identifiez les informations clés et faites un petit résumé des idées principales en quelques phrases.

ENTRAÎNEMENT AU DALF C1

COMPRÉHENSION ORALE

Écoutez les documents sonores et répondez aux questions, dans les conditions du DALF :
- Prenez 50 secondes pour lire les questions.
- Puis, écoutez l'enregistrement une seule fois.
- Prenez 50 secondes pour répondre aux questions.

Conseils
- Lisez bien les questions avant d'écouter l'enregistrement ! Cela vous permettra d'identifier le thème de l'enregistrement, d'en repérer les mots-clés, de concentrer votre écoute sur les points soulevés par les questions. Votre compréhension en sera améliorée, car elle possédera un objectif : répondre aux questions !
- Les questions sont toujours posées dans l'ordre du discours que vous allez entendre. Vous allez donc entendre les réponses aux questions au fur et à mesure.
- Même s'il vous manque des détails, ne vous inquiétez pas ! Les propos tenus par les locuteurs sont logiques : les mots-clés importants vous permettent de reconstituer la réponse logique à la question.

🔊 34 Exercice 2

a. Comment a été trouvée cette colonne de marbre au XIXe siècle ?
  1. Lors de fouilles archéologiques. ☐
  2. Lors d'une expédition scientifique. ☐
  3. Lors d'une construction ferroviaire. ☐

b. La particularité de cette partition de musique serait d'être …
  1. la plus ancienne partition connue. ☐
  2. la dernière composition inscrite sur la pierre. ☐
  3. la première mélodie utilisant l'écriture musicale. ☐

c. À quoi donne lieu cette mélodie ?
  1. Elle était liée à un culte dans l'Antiquité grecque. ☐
  2. Elle a été réservée à l'élite dans l'Antiquité romaine. ☐
  3. Elle est utilisée dans l'audiovisuel pour représenter l'Antiquité. ☐

🔊 35 Exercice 3

a. Qu'étudie Alejandra Rocio-Blanco ?
....

b. Que souligne Alejandra Rocio-Blanco à propos des étoiles formant la Galaxie ?
  1. La disparité de leurs trajectoires. ☐
  2. La variété de leur composition chimique. ☐
  3. La diversité de leurs périodes de formation. ☐

c. D'après cette émission, qu'est-ce que l'usage du satellite Gaia a apporté ?
  1. La découverte de nombreuses étoiles inconnues. ☐
  2. Le développement d'études de galaxies éloignées. ☐
  3. Une nouvelle manière de concevoir l'histoire de notre Galaxie. ☐

4. Que conseille Alejandra Rocio-Blanco aux petites filles ?
  1. D'oser devenir scientifiques. ☐
  2. De s'intéresser à l'astronomie. ☐
  3. De participer à un projet de recherche. ☐

COMPRÉHENSION ÉCRITE

Entraînez-vous dans les conditions du DALF : réalisez ces deux exercices en 50 minutes.
Lisez le texte puis répondez aux questions.
Pour répondre aux questions :
- Vrai ou faux : citez le passage du texte qui justifie votre choix.
- Question à choix multiple : cochez la bonne réponse (une seule réponse).
- Question à réponse libre : synthétisez et reformulez.

Conseils
- Lisez bien les questions avant de lire le texte ! Cela vous permettra d'identifier le thème du texte, d'en repérer les mots-clés, de concentrer votre lecture sur les points soulevés par les questions. Votre compréhension en sera améliorée, car elle possédera un objectif : répondre aux questions !
- Ne cherchez pas une compréhension fine de tous les détails, c'est une compréhension globale, des points les plus importants du texte, qui vous est demandée. Aucune question ne peut porter sur un détail inutile. Donc, s'il y a un mot que vous ne connaissez pas, ne vous inquiétez pas ! Jugez d'abord de son importance dans le texte. S'il correspond à une idée principale, déduisez son sens du contexte : le rapport entre les mots et les idées est toujours logique.
- Enfin, ne vous perdez pas dans le texte : les questions sont toujours posées dans l'ordre du texte que vous allez lire. Par exemple, la question numéro 1 ne peut pas faire référence à la fin du texte, mais uniquement au début du texte. Il peut y avoir une question de compréhension globale du document entier, elle sera dans ce cas placée à la fin du questionnaire.

Le jeu vidéo pour apprendre l'histoire ?

Alors que le jeu vidéo est devenu le « premier marché culturel en France », sa pratique reste souvent considérée comme récréative et peu adaptée à l'apprentissage […].
Sa vocation pour celui qui le pratique est, a priori, exclusivement ludique. Nous faisons alors la différence entre jeux vidéo et *serious games*, ces derniers étant conçus pour l'apprentissage et combinant généralement avec difficulté l'apprentissage et la dimension ludique […] : tantôt « trop ludiques » (les savoirs sont trop peu présents ou mal articulés avec le *gameplay* et les joueurs sont focalisés sur la dimension ludique), tantôt « trop sérieux » (les joueurs apprennent mais ne s'amusent pas car le jeu est centré sur le savoir de façon déséquilibrée).
[…] Par contre, certains jeux vidéo peuvent avoir une dimension sérieuse et favoriser l'apprentissage de connaissances, même si leur but initial est d'être ludique et attractif, ce que nous mettrons ici en lumière. […] [N]ous nous intéresserons particulièrement aux jeux ayant une dimension historique reposant *a minima* sur un fond censé être historique (par exemple, sur une époque et une région ayant réellement existé).

Jeux vidéo et apprentissage : un mouvement naissant
La littérature scientifique sur les jeux vidéo comme moyen d'apprentissage est relativement récente, à la différence de celle sur les jeux en général (de société ou ludo-éducatifs notamment). Les générations actuelles de chercheurs et d'enseignants (de tous les niveaux) ont plus souvent été elles-mêmes joueuses de jeux vidéo et sont alors plus « actives » dans le domaine. Certains proposent des chaînes sur des médias sociaux, voire produisent des recherches sur le sujet. […]
[…] Si l'on encourage de plus en plus l'utilisation du jeu vidéo […] pour proposer un apprentissage motivant, les enseignements exploitant des jeux vidéo et non des jeux sérieux ou ludo-éducatifs semblent rares, surtout en France. […]

Apprentissage avec les jeux vidéo : quelques exemples d'intérêts
Différents chercheurs […] mettent en avant différents types d'apprentissages informels avec le jeu vidéo :
- cognitifs (ils stimulent la mémoire et l'attention, la représentation géométrique dans l'espace, la mise en place de stratégies de résolution de problèmes adaptées…) ;
- neurologiques (coordination main-œil par exemple, dextérité…) ;
- sociaux (lorsque le jeu est communautaire).

…/…

ENTRAÎNEMENT AU DALF C1

Plus rares sont les travaux de recherche à citer des apprentissages disciplinaires […]. Nous avons choisi de nous focaliser sur le domaine de l'histoire : en effet, en tant que contenu disciplinaire, il semble être à la fois le plus présent dans le domaine des jeux vidéo, et aussi le plus étudié (avec la géographie).

Apprendre des concepts
Le jeu vidéo semble pertinent pour comprendre certains concepts. Par exemple, se représenter des périodes historiques et identifier les éléments constitutifs d'un changement de période, voire prendre conscience des divergences de point de vue entre historiens sur ces découpages […]. Il s'agit également de comprendre que, même s'il y a un découpage opéré à des fins notamment pédagogiques, l'histoire ne se pense pas en « grands blocs » mais comme une suite d'événements qui conduisent à considérer qu'il y a un basculement à un moment donné. Par exemple, si la prise de Constantinople en 1453 signe la fin du Moyen Âge et l'entrée dans la Renaissance pour de nombreux historiens, d'autres mentionnent le fait que la culture grecque se propageait déjà en Europe centrale et occidentale, ce qui laisse penser que la Renaissance avait déjà débuté. En somme […], se représenter des périodes, des avancées technologiques associées, est aussi un élément de stimulation de l'esprit critique face au découpage, parfois arbitraire, des périodes historiques.

« Vivre » une ambiance
Certains jeux vidéo plongent le joueur dans une ambiance, une expérience singulière, rappelant parfois une époque historique en exploitant des éléments *a priori* d'époque : esthétiques (décors, vêtements…), musicaux, etc. Certains jeux proposent même des explications historiques complémentaires lorsque le joueur, par exemple, est en lien avec un fait ou un monument historique. La pratique du jeu peut être fortement immersive, « peut impliquer fortement le joueur et susciter sa concentration au plus haut point, afin de l'amener vers des apprentissages, tout en prenant du plaisir à jouer ». […] Certains élèves déclarent ainsi avoir réellement l'impression d'être sur place, de mieux percevoir l'ambiance, les vêtements et l'organisation à l'époque. […]

Apprentissage tangentiel
Au-delà de l'apprentissage *pendant* le jeu, il nous a semblé intéressant de prendre en compte l'apprentissage *après* le jeu : en effet, la pratique du jeu peut stimuler la curiosité du joueur pour un univers, qui, s'il est basé sur la réalité, peut le conduire à effectuer des recherches complémentaires. Une recherche […] montre que des élèves […] entre 11 et 15 ans, ayant joué à certains jeux historiques pendant une année scolaire, vont chercher des informations (de leur propre initiative) en dehors des temps de classe, et voient par ailleurs leurs notes augmenter. […] Dans une étude basée sur trois jeux vidéo (de simulation ou de stratégie) et effectuée auprès de 635 joueurs d'environ 21 ans, il est montré que l'apprentissage tangentiel (c'est-à-dire suite à des recherches effectuées pendant ou après la pratique du jeu) constitue une part importante des apprentissages, en plus de ceux directement effectués dans le jeu, particulièrement avec les jeux historiques.

Des jeux vidéo à l'école ?
[…] Outre l'apprentissage, les jeux vidéo ont un impact intéressant sur la motivation, bien que le type de jeu soit à prendre en compte : une [étude] […] met en avant le fait que la dimension ludique et la liberté d'action sont indispensables pour favoriser la motivation ; les *serious games*, souvent plus « balisés » que les jeux vidéo, paraissent alors, paradoxalement, moins pertinents pour favoriser l'apprentissage que les jeux vidéo dans lesquels l'apprentissage serait induit. Reste à identifier ce vers quoi s'oriente cette motivation : l'élève est-il motivé par le fait de jouer et la performance ou par ce qu'il apprend ? Les jeux qui incluent le contenu d'apprentissage au *gameplay*, c'est-à-dire plus ou moins nécessaires pour progresser dans le jeu, sont considérés comme les plus appropriés pour apprendre. En effet, plus le contenu est fusionné avec le scénario du jeu, plus le joueur apprendra sans même s'en rendre compte. Cet apprentissage-là, qu'il soit exploité dans des temps formels ou informels, semble être le plus efficace avec les jeux, mais nécessite parfois de passer beaucoup de temps à jouer lorsqu'il s'agit de s'approprier des notions complexes.

L'introduction du jeu vidéo à l'école est donc difficile pour plusieurs raisons :
- souvent, cela prend du temps car il est nécessaire de jouer longtemps pour s'approprier certaines notions (et pour être à l'aise avec le jeu) ;
- le matériel nécessaire est généralement coûteux (tant les jeux à acheter que le matériel informatique nécessaire), même si certains enseignants contournent le problème en amenant leur propre matériel ;
- enfin, l'enseignant peut se retrouver face à des contestations provenant de sa hiérarchie ou de parents d'élèves […].

William Brou, enseignant en histoire-géographie dans le secondaire, utilise les jeux vidéo à l'école encore différemment : après s'être aperçu que la majorité de ses élèves avaient joué à un jeu de tir sur la Première Guerre mondiale qu'il souhaitait prendre en exemple, il a décidé de réaliser une vidéo du jeu qu'il montre en classe pour la faire analyser à ses élèves afin de démêler le vrai du faux. Il leur propose ainsi de développer leur esprit critique et participe plus généralement à l'éducation aux médias et à l'information de façon interdisciplinaire (tout en transmettant des savoirs en histoire-géographie). […]

Clément Dussarps, Réseau Canopé, septembre 2020

a. Pour l'auteur, les jeux vidéo conçus pour être éducationnels sont peu efficaces.
   Vrai ☐   Faux ☐

   Justification : ....
   ....

b. Selon l'auteur, pourquoi la recherche actuelle s'intéresse-t-elle plus aux jeux vidéo ?
   1. Car le monde pédagogique souhaite étudier les pratiques des élèves. ☐
   2. Car les jeunes chercheurs ont des pratiques personnelles de jeux vidéo. ☐
   3. Car le jeu vidéo s'inscrit dans les pratiques ludiques traditionnellement analysées. ☐

c. Pour quelles raisons l'auteur a-t-il choisi d'analyser le lien entre jeux vidéo et apprentissage de l'histoire ?
   ....

d. Selon l'auteur, quel élément de construction de l'histoire le jeu vidéo permet-il de comprendre ?
   ....

e. À quoi cette compréhension peut-elle amener ?
   1. À une analyse critique des découpages de l'histoire. ☐
   2. À une conception éclairée des recherches historiques. ☐
   3. À une approche plus juste des modes de pensées passés. ☐

f. Que permettent certains jeux vidéo impliquant fortement le joueur ?
   1. La sensation concrète d'une époque historique passée ☐
   2. La participation à l'élaboration d'un événement historique ☐   ... à travers le jeu.
   3. La stimulation pour collecter des données historiques précises ☐

g. Qu'ont démontré les études portant sur les conséquences après le jeu ?
   1. Les joueurs associent une période historique à un moment ludique. ☐
   2. Les joueurs continuent à explorer la période historique abordée dans le jeu. ☐
   3. Les joueurs possèdent une connaissance détaillée de certaines périodes historiques. ☐

h. Quel type de jeux vidéo permet de favoriser l'apprentissage et la motivation des élèves ?
   ....

i. Selon l'auteur, pourquoi l'utilisation du jeu vidéo en milieu scolaire est-elle compliquée ?
   ....

j. Comment l'enseignant William Brou utilise-t-il le jeu vidéo en classe ?
   ....

k. La pratique de William Brou permet un apprentissage au-delà de la discipline de l'histoire.
   Vrai ☐   Faux ☐

   Justification : ....
   ....

UNITÉ 9 — Les arts vivants

LEÇON 1 • Un art pour se livrer

VOCABULAIRE

1 Reliez ces mots à leur définition.

a. Un synopsis
b. Un décor
c. Une catharsis
d. Un portrait
e. Une citation

1. C'est une manière de libérer une émotion à travers l'art.
2. C'est la représentation du lieu où se passe une action.
3. C'est la représentation artistique d'une personne.
4. C'est un texte bref qui présente l'ensemble d'un scénario ou d'une pièce.
5. C'est le fait de rapporter les paroles de quelqu'un d'autre.

2 Complétez les phrases avec les adjectifs suivants. Faites les accords nécessaires.

créatif – artistique – ironique – pertinent – touché

a. La démarche .... de Caroline Guiela Nguyen, dans sa pièce *Saïgon*, est une démarche qui fouille nos mémoires, nos mémoires familiales et la mémoire coloniale française.

b. Le choix d'avoir mis en scène *Les Culottées* de Pénélope Bagieu à la Comédie-Française est très .... car il répond aux attentes du public d'aujourd'hui et ouvre les portes de la Comédie à un public plus jeune.

c. J'ai été très .... par la pièce de théâtre *Passeport* qui met en scène le parcours d'un jeune migrant et de ses errances.

d. À travers cette rétrospective, on peut découvrir ou redécouvrir tout le pouvoir .... de Louise Bourgeois qui n'a eu de cesse de renouveler son art.

e. Philippe Djian a une écriture rapide, qui ne respecte pas les codes de la ponctuation et qui est si .... qu'on ne peut pas lire ses romans sans être conquis par son humour et son attachement à ses personnages.

COMPRÉHENSION ORALE

3 🔊 36 Écoutez et répondez aux questions.

a. Comment est défini le film *Little Girl Blue* ?
....

b. Quel est le sujet du film *Little Girl Blue* ?
....

c. En découdre avec quelqu'un signifie …
  1. se mesurer à quelqu'un. ☐
  2. se rapprocher de quelqu'un. ☐

d. Le délabrement signifie …
  1. la malchance. ☐
  2. la déchéance. ☐

e. D'après Marion Cotillard, en quoi ce film est inédit ?
....

COMPRÉHENSION ÉCRITE

4 Lisez le texte et répondez aux questions.

« Passeport » : la nouvelle pièce d'Alexis Michalik suit un jeune Érythréen sans-papiers dans une mise en scène épique

Alexis Michalik donne une ampleur scénique inattendue à *Passeport* qu'il a écrit et mis en scène au théâtre de la Renaissance, à Paris, jusqu'au 30 juin. *Passeport* retrace le récit d'Issa, Érythréen au sortir de l'adolescence, prenant la route pour l'Angleterre. La pièce allie le grandiose à la misère dans une mise en scène aux dimensions cinématographiques, sans images animées, mais un sens du groupe, de l'espace et du visuel qui portent le sujet.

Trouvé dans la jungle de Calais, et donné pour mort, Issa est amnésique, avec pour seule mémoire, son passeport. Sorti de l'hôpital, il se retrouve à la rue, et entame avec d'autres sans-papiers la quête d'un titre de séjour. Il est alors amené à se remémorer devant l'administration le parcours qui l'a mené jusqu'en Europe.

Sept comédiens et comédiennes dans des rôles multiples, des décors changeants, dont beaucoup d'extérieurs, exotiques et urbains, se succèdent dans un récit picaresque contemporain. On passe de l'hôpital au bord de l'autoroute, d'un conteneur habité au commissariat, et de la rue aux administrations… Mais l'on traverse aussi le désert et la mer dans *Passeport*. Aux antipodes d'un drame intime au cœur d'un deux-pièces cuisine à Paris, *Passeport* voit grand et Alexis Michalik pense large.

L'auteur-metteur en scène n'a pas fait appel à des têtes d'affiche pour ses acteurs. Normal pour incarner des anonymes. Les sept comédiens et comédiennes sur scène n'en forment pas moins un groupe, sans de réels premiers rôles, même si Issa (Jean-Louis Garçon) et Arun (Kevin Razy) sont un peu en avant. Un courant passe entre eux pour faire corps d'un groupe hétéroclite. Salutation au passage aux divers accents et langues qui traversent les dialogues, reflet d'une belle performance des comédiens. Ils sont des damnés de la terre, apatrides, pleins de vie, mais en quête d'identité.

Le dispositif scénique n'écrase pas le récit et la documentation sur le sujet nourrit la dramaturgie. Le hasard de la programmation voit la pièce représentée un mois après la sortie du film de Matteo Garrone, *Moi Capitaine*, sur un sujet similaire. Tous deux se rejoignent dans une approche épique, parfois au détriment de l'émotion. Mais le jeu de toute la troupe réchauffe les sentiments, jusqu'aux gendarmes dans leur bureau. L'écriture et la mise en scène d'Alexis Michalik remettent les pendules à l'heure de certaines convictions et nourrissent le débat, après le vote récent à l'Assemblée sur l'immigration. À l'heure d'une globalisation qui se cherche, *Passeport* convainc dans sa dramaturgie, reflet d'une réalité géopolitique majeure, pour laquelle l'auteur-metteur en scène crée une pièce originale et universelle.

Jacky Bornet, France Info, 01/02/2024

a. Épique signifie …
   1. typique. ☐
   2. mémorable. ☐

b. Amnésique signifie …
   1. mémorable. ☐
   2. sans mémoire. ☐

c. Un récit picaresque est …
   1. un récit d'aventures. ☐
   2. un récit dramatique. ☐

d. Qu'est-ce qui justifie le choix d'acteurs qui ne sont pas têtes d'affiche ?

....

....

e. Relevez des éléments du texte qui montrent que la critique de l'auteur est positive.

....

....

PRODUCTION ÉCRITE

5 Choisissez une œuvre artistique de votre choix (pièce de théâtre, film ou série) et rédigez une critique de cette œuvre de manière claire et détaillée.

UNITÉ 9

LEÇON 2 ▪ Un art pour dénoncer

VOCABULAIRE

1 Associez ces deux colonnes pour retrouver les expressions.

a. Un secteur   1. choc.
b. Une formule   2. spéciaux.
c. Un court   3. métrage.
d. Des effets   4. d'activité.
e. Une avant-   5. première.

2 Retrouvez le mot correspondant à chaque définition.

une(e) programmeur/programmeuse – le codage – une image générée – un logiciel – un(e) faussaire

a. C'est la transformation de données en caractères dans un système informatique. ....

b. C'est un programme informatique. ....

c. C'est un(e) artiste qui recopie des œuvres de grands peintres. ....

d. C'est un(e) spécialiste qui conçoit des programmes informatiques. ....

e. C'est une illustration artificielle provenant d'outils numériques. ....

COMPRÉHENSION ORALE

3 🔊 37 Écoutez et répondez aux questions.

a. Donner des sueurs froides signifie ...
   1. donner de l'inquiétude. ☐   2. donner des souffrances. ☐

b. L'opportunisme signifie ...
   1. l'art de profiter de toutes situations. ☐   2. l'art de profiter de la vie. ☐

c. Quelle est la situation actuelle des NFT ?
....

d. Quels sont les avantages cités des NFT ?
....

e. Peut-on conclure que les NFT vont disparaître ? Et pourquoi ?
....

COMPRÉHENSION ÉCRITE

4 Lisez le texte et répondez aux questions.

Dans « Bâtiment 5 », Ladj Ly parle de mal logement pour aborder la problématique des réfugiés

L'auteur des *Misérables* est de retour. Pas l'écrivain, mais le réalisateur : Ladj Ly. Le cinéaste français, récompensé de quatre César en 2020 (dont celui du meilleur film), a fait son retour au cinéma ce mercredi 6 décembre avec la sortie sur grand écran d'un nouveau long-métrage, *Bâtiment 5*. De retour en banlieue, mais cette fois dans la ville fictive de Montvilliers, Ladj Ly nous parle, ici, d'un autre problème que les violences policières, celui du mal logement. Il nous emmène à la rencontre de Haby (Anta Diaw), une jeune femme très impliquée dans la vie de sa commune. Lorsqu'elle découvre qu'un plan de réaménagement de son quartier prévoit en catimini de démolir son immeuble sans vrai plan de relogement des habitants, elle décide avec les siens de se lancer dans un bras de fer contre la municipalité et son nouvel édile autoritaire, un pédiatre tout juste propulsé maire.

Bâtiment 5 est aussi une manière pour lui d'aborder la question du traitement des réfugiés dans notre pays. « On se rend compte qu'en France, terre d'asile et des droits de l'Homme, on n'est pas accueillis de la même manière en fonction d'où l'on vient », précise le cinéaste.
À leur arrivée en France, Tania et son père sont logés dans un immeuble du quartier où vit Habi. Du haut de son nouveau balcon, la famille évoque sa surprise, voire sa désillusion. Ça ne ressemble en rien à ce qu'ils avaient imaginé de la France. « À l'étranger, on fantasme beaucoup sur notre pays. Entre le football, la baguette, la tour Eiffel et ses autres clichés, la réalité est tout autre. » L'imbrication de ces problématiques avec celles de la crise du logement dans les villes de banlieue n'a rien d'un hasard. Insalubrité, expulsions soudaines et relogements inadaptés… Cette crise dont parle le film, qui s'inspire de faits en partie survenus à la cité des Bosquets de Montfermeil et dans une copropriété dégradée du quartier du Pré-Gentil à Rosny-sous-Bois, touche principalement des populations précaires, pauvres et d'immigrés. « Depuis de nombreuses années, beaucoup de gens ne vivent pas sereinement en France », rappelle Giordano Gederlini, coscénariste. « On ne parle même pas des nouveaux arrivants, mais des familles avec des enfants et des personnes âgées qui ont grandi là. Quand vient l'heure de repenser la ville, on a souvent l'impression que cela revient à se demander qui a le droit de rester ici. Pourquoi a-t-on autant de mal à considérer ces habitants comme des Français ? » *Bâtiment 5* pose la question pour poser, peut-être, de nouvelles fondations.

Valentin Etancelin, *HuffPost*, 10/12/2023

a. Quelle est la problématique abordée par le film *Bâtiment 5* ?

....

b. En catimini signifie …
   1. en petit comité. ☐   2. en douce. ☐

c. Une désillusion signifie …
   1. une dépression. ☐   2. une déception. ☐

d. Quelle impression ont les personnages de Tania et de son père en arrivant en France ?

....

e. En quoi le film de Ladj Ly est un film qui dénonce ?

....

PRODUCTION ÉCRITE

5 Jason Allen a dit : « L'Art est mort. C'est fini. L'IA a gagné. Les humains ont perdu. »
Commentez cette citation et donnez votre opinion de manière claire et détaillée.

UNITÉ 9

LEÇON 3 • L'art pour se détendre

VOCABULAIRE

1 **Complétez les phrases avec les mots suivants. Faites les accords nécessaires.**
acte – scène – dialogue – amateur – représentation

a. Le film est très bien rythmé, les .... sont fins et le jeu des acteurs est éblouissant.

b. Les pièces de théâtre sont divisées en plusieurs ....

c. Il faut absolument que tu y ailles car il n'y a plus que quelques .... de cette pièce pour cette saison.

d. La ...., durant laquelle elle avoue son secret, m'a bouleversé.

e. C'est une troupe de théâtre .... qui reprend les classiques pour les collégiens et les lycéens.

GRAMMAIRE

2 **Devinez de quoi il s'agit.**

a. C'est ce dont on a besoin pour rire. = ...

b. C'est ce que j'aime dans l'art urbain. = ...

c. C'est ce que je préfère en art. = ...

d. C'est ce qui me fait le plus pleurer. = ...

e. C'est ce qui me rappelle le plus mon enfance. = ...

3 **Complétez les phrases suivantes avec *ce qui*, *ce que* ou *ce dont*.**

a. Cette pièce, c'était exactement .... j'avais besoin pour me changer les idées.

b. Le prestige, c'est .... fait la différence entre la Comédie-Française et une autre salle de théâtre.

c. J'ai compris .... l'autrice a voulu faire passer comme message dans son œuvre.

d. On observe .... se souvient le personnage principal au fur et à mesure.

e. Elle écrit .... je ressens souvent.

COMPRÉHENSION ORALE

4 🔊 **38 Écoutez et répondez aux questions.**

a. Décompresser signifie …
   1. faire une activité. ☐   2. relâcher la pression. ☐

b. Comment reformuleriez-vous en français standard la phrase suivante : « Je trouve que ça permet de repartir sur une bonne vibe pour la semaine et pas avoir le sunday blues » ?
   ....
   ....
   ....

c. Mine de rien signifie …
   1. sans en avoir l'air. ☐   2. sans surprise. ☐

d. Qu'est-ce que le stand-up ?
   ....
   ....

e. Qu'est-ce qu'un gratteur dans le monde du stand-up ?
   ....
   ....

COMPRÉHENSION ÉCRITE

5 Lisez le texte et répondez aux questions.

Dans les coulisses de l'improvisation théâtrale, un enjeu social et éducatif

Aux abords du théâtre Marigny, le ton est donné pour cette première journée de finale qui oppose douze équipes de collégiens venus des quatre coins de la France. C'est dans la grande salle du théâtre, classée aux Monuments historiques, que soixante-douze participants se sont affrontés toute la journée ce lundi, lors de matchs d'improvisation pour tenter de remporter le Trophée d'Impro, organisé par la Fondation Culture & Diversité. Inspirés par l'actualité internationale, les émissions de télévision, ou par des auteurs dont ils ont étudié l'œuvre au cours de l'année, les élèves sont parvenus à imaginer des saynètes aux airs de vaudeville des temps modernes. « Au début j'avais peur qu'en faisant du théâtre d'improvisation, les enfants gardent leur propre façon de parler », confie Nathalie Amourette, une professeure de français venue encadrer l'une des équipes, « mais finalement l'impro est très utile et contribue à la construction d'une langue riche. De la même manière, je constate qu'inventer des histoires les aide à mieux comprendre le schéma narratif, la manière dont se construit un personnage etc. » Mais ce sont loin d'être les seuls bienfaits du théâtre d'improvisation, comme en témoigne Lamara, en classe de troisième à Caen : « L'impro m'a permis d'avoir plus confiance en moi, de travailler sur ma rhétorique et ma créativité mais aussi d'aller plus facilement vers les autres. Lorsqu'on se retrouve tous ensemble pour jouer, je suis comme avec une seconde famille, ça m'apporte beaucoup de joie. »

Dans cet univers où l'imprévu est roi, des valeurs essentielles au vivre ensemble sont infusées. « Lors de nos ateliers hebdomadaires, les élèves apprennent à s'écouter les uns les autres, à construire avec les autres », se réjouit Benjamin, comédien au sein de la compagnie Macédoine qui anime les cours d'impro dans plusieurs collèges de Normandie. « Mais au-delà de l'improvisation, ce sont les valeurs de la société qu'ils apprennent. Cela leur permet de créer du lien, en mélangeant le social et l'artistique », poursuit-il. Un objectif que poursuit la Fondation Culture & Diversité, qui porte ce projet : « Depuis treize ans, nous avons la conviction que l'improvisation est une discipline très importante pour développer l'art de l'oralité et faire des citoyens plus épanouis », explique Anne Pizet, déléguée générale de la Fondation Culture & Diversité.

Fleur Tirloy, France Info, 19/06/2023

a. D'après vous, quelle est la particularité de l'improvisation théâtrale ?
....
....

b. Le vaudeville est …
  1. une comédie légère et amusante. ☐
  2. une tragédie dramatique. ☐

c. D'après la professeure Nathalie Amourette, qu'est-ce que l'improvisation apporte à ses élèves ?
....
....

d. La rhétorique signifie …
  1. l'art de bien jouer la comédie. ☐
  2. l'art de bien parler. ☐

e. D'après l'article, est-ce que « l'improvisation est une discipline très importante pour développer l'art de l'oralité et faire des citoyens plus épanouis » ?
....
....

PRODUCTION ÉCRITE

6 🔊 38 Réécoutez l'émission de radio de l'exercice 4. Identifiez les informations clés et faites un petit résumé des idées principales en quelques phrases.

ENTRAÎNEMENT AU DALF C1

COMPRÉHENSION ORALE

Exercice 1

🔊 **39** Écoutez le document sonore et répondez aux questions, dans les conditions du DALF :
- Prenez 3 minutes pour lire les questions.
- Puis, écoutez le document sonore une première fois.
- Prenez 3 minutes pour commencer à répondre aux questions.
- Écoutez le document sonore une deuxième fois.
- Complétez vos réponses en 5 minutes.

> **Conseils**
> - Lisez bien les questions avant d'écouter l'enregistrement ! Cela vous permettra d'identifier le thème de l'enregistrement, d'en repérer les mots-clés et de concentrer votre écoute sur les points soulevés par les questions. Votre compréhension en sera améliorée, car elle possédera un objectif : répondre aux questions !
> - Les questions sont toujours posées dans l'ordre du discours que vous allez entendre. Vous allez donc entendre les réponses aux questions au fur et à mesure.
> - À l'examen, un espace de brouillon est prévu dans une colonne à droite des questions. Prenez-y des notes : en plaçant vos notes près de la question qui leur correspond, il vous sera plus facile d'y répondre !
> - Même s'il vous manque des détails, ne vous inquiétez pas ! Les propos tenus par les locuteurs sont logiques : les mots-clés importants vous permettent de reconstituer la réponse logique à la question.

a. Quelle spécificité du Cirque Bouglione souligne le journaliste ?
1. Se produire dans une salle de théâtre. ☐
2. Avoir un orchestre qui joue en direct. ☐
3. Jouer les spectacles plusieurs fois par jour. ☐

b. Comment est choisi le genre de musique pour les spectacles ?
....

c. En tant que chef d'orchestre, que doit faire Pierre Pichaud pour le spectacle ?
....

d. Selon Pierre Pichaud, comment travaille un chef d'orchestre classique ?
....

e. Pourquoi Pierre Pichaud compare-t-il son métier à celui d'un chef d'orchestre d'opéra ?
....

f. Que prépare Pierre Pichaud en amont du spectacle ?
1. Des partitions permettant de répondre aux imprévus du direct. ☐
2. Des mélodies avec des rythmes propres au registre du cirque. ☐
3. Des répétitions nombreuses pour bien préparer ses musiciens. ☐

g. Quels types de musiques sont joués par l'orchestre de Pierre Pichaud ?
....

h. Comment Pierre Pichaud a connu le monde du cirque ?
1. Suite aux conseils d'un enseignant. ☐
2. À force d'y assister comme spectateur. ☐
3. Parce que son spectacle avait été repéré. ☐

i. Qu'est-ce qui semblait impressionnant à Pierre Pichaud concernant les musiciens du cirque ?
....

j. Qu'a permis à Pierre Pichaud l'expérience de son spectacle personnel ?
   1. Développer sa créativité de compositeur. ☐
   2. Bien comprendre les exigences du cirque. ☐
   3. Devenir renommé dans le monde du spectacle. ☐
k. Selon Pierre Pichaud, qu'est-ce qui fait le succès de son orchestre ?

....

PRODUCTION ÉCRITE

Entraînez-vous dans les conditions du DALF : réalisez ces deux exercices en 2 h 30.

1 Synthèse de documents

En 220 mots, écrivez une synthèse des deux textes ci-dessous : « Jeunesse, culture & numérique : les six grands constats qui concernent déjà la génération Z » et « Numérique et spectacle vivant : une nouvelle scène à investir ».
Votre synthèse présentera les arguments principaux des documents, rédigés avec vos propres mots et selon une nouvelle organisation logique et cohérente. Vous ne pouvez pas intégrer de commentaires ni d'idées personnelles. Vous pouvez réutiliser les mots-clés des documents, mais pas des phrases entières.

Conseils
- Dégagez dans chaque texte les idées principales, puis organisez-les dans un texte cohérent, du nombre de mots indiqués (220 mots). Votre synthèse devra combiner les idées présentes dans chacun des textes et non suivre leur ordre.
- Attention à ne pas vous laisser prendre par les détails : ce sont les idées principales qui sont importantes.
- Écrivez votre synthèse avec vos propres mots. Vous reprendrez les mots-clés des textes, mais vous ne pouvez pas utiliser de phrases issues des textes.
- Vous devez rester neutre : ne donnez pas votre opinion, n'ajoutez pas de commentaires ou d'informations.
- Pour compter les mots utilisés : un mot est situé entre deux espaces. Ainsi : « c'est-à-dire » = un mot ; « il va bien » – trois mots ; « que pouvons-nous faire ? » = trois mots.

Texte 1 :

Jeunesse, culture & numérique : les six grands constats qui concernent déjà la génération Z

[…] Depuis la montée en puissance dans nos quotidiens des technologies numériques de l'information et de la communication, un certain nombre de bascules ont eu lieu en matière de « consommation de contenus culturels ». […] La période actuelle constitue donc une forme de charnière, qui interroge notamment les modalités de création et de diffusion des arts vivants. Pour parvenir à continuer d'adapter leurs offres aux attentes et besoins des jeunes publics, quels que soient leurs milieux d'origine, les acteurs du secteur culturel, publics comme privés, doivent en saisir les enjeux et acter un certain nombre d'évolutions. […] [L]'état des lieux présenté ci-dessous vise ainsi à servir de socle à ces réflexions essentielles. […]

L'entremêlement des pratiques culturelles numériques et des pratiques « IRL* »
Le numérique (majoritairement le smartphone) est un support riche et incontournable des pratiques culturelles des jeunes. C'est tout d'abord le support numéro un de découvertes culturelles. En agrégant différentes applications (streaming de musique, de vidéos, réseaux sociaux, etc.) et l'infinité des contenus en ligne, c'est un outil qui permet et favorise le fait de jongler entre plusieurs contenus. C'est en ce sens, et il est d'ailleurs perçu comme tel par les jeunes, un formidable outil en ce qu'il facilite l'accès de tous à la culture, sans restriction d'âge (à l'inverse de certains événements et lieux culturels et festifs), de façon gratuite (ou assez peu onéreuse). C'est même la porte d'entrée privilégiée pour des pratiques culturelles non digitales : recommandation d'un livre, d'un film sorti au cinéma, etc.

…/…

ENTRAÎNEMENT AU DALF C1

Des artistes du spectacle vivant se sont largement emparés du numérique et tirent pleinement parti de son potentiel pour créer des formats innovants (concerts sur la plateforme de jeu en ligne Fortnite par exemple) ou renouveler leur rapport au public. Les réseaux sociaux permettent en effet de créer une certaine proximité entre des artistes et leurs publics : ils peuvent interagir en direct, partager leur quotidien, etc. Ceci renvoie à une attente de davantage d'authenticité de la part des jeunes (même si elle reste souvent simulée) et d'horizontalité dans leur rapport aux artistes et à la culture au sens large. En témoigne le succès de contenus de type vlogging et stories, où des artistes et créateurs de contenus (youtubeurs, streameurs, influenceurs) partagent leur quotidien et parfois des sujets très intimes […].

Néanmoins, pour les personnes rencontrées, les pratiques et expériences culturelles qui ont lieu « in real life* », en présentiel, dans un lieu spécifique, avec d'autres, conservent tout leur intérêt. Ces jeunes attribuent une valeur bien spécifique et assez forte aux expériences « IRL » d'un spectacle vivant tel qu'un opéra, une pièce de théâtre ou encore un concert. L'expérience en direct d'un spectacle vivant ou d'une œuvre ne serait ainsi pas perçue comme substituable à une expérience digitale.

Si les pratiques culturelles numériques et « IRL » des jeunes se croisent et s'entremêlent largement, elles ne sont, pour les jeunes, pas équivalentes. Chacune correspond à une expérience et à un espace-temps spécifique. Une forte vigilance vis-à-vis des pratiques numériques s'exprime enfin chez des jeunes majeurs qui cherchent à « s'échapper des écrans », à se déconnecter. Ils partagent un recul critique assez marqué vis-à-vis du numérique, estiment pesante la place des écrans dans leur quotidien et parfois dans leurs relations sociales, mettant en avant leur dimension addictive, etc.

« L'expérience n'a quand même rien à voir entre regarder un truc sur le téléphone et voir le truc sur place. Les gens sur leur téléphone regardent mais sans regarder, ils font autre chose en même temps. Si on veut vivre la vraie expérience du théâtre, de l'opéra ou du cirque, il faut aller sur place » (Actif·ve·s). […]

Des acteurs culturels qui innovent pour s'adapter aux jeunes publics
Le sixième constat concerne l'apparition d'offres culturelles qui tentent de s'adapter aux pratiques et préférences culturelles des jeunes d'aujourd'hui. Se mettant à l'écoute des signaux faibles, s'inspirant d'initiatives internationales ou concertant directement les jeunes, les acteurs du secteur proposent des offres culturelles et mettent en place des formes de médiations nouvelles ou originales. […]

Ces initiatives ont été présentées aux jeunes rencontrés lors de l'enquête et ont, globalement, suscité l'enthousiasme des ados et jeunes adultes. Ceux-ci apprécient les initiatives et projets qui leur donnent des moyens d'agir, des espaces d'expression et d'action pour être eux-mêmes acteurs de la vie culturelle et artistique. Ils sont également séduits par les œuvres qui ont un caractère immersif et/ou ludique, lorsque le public peut être impliqué et non pas simple spectateur.

Ils sont par ailleurs attirés par les contenus qui croisent les registres pédagogiques, émotionnels et ludiques : pour eux, la culture et le divertissement sont de bons vecteurs de savoirs et d'éducation.

Enfin, les formats de médiation qui misent sur l'interactivité et une forme d'authenticité dans la relation au public les attirent particulièrement, puisque ce sont des composantes clés des réseaux sociaux qui font partie intégrante de leur quotidien.

* IRL = *in real life* : dans la vie réelle, en présentiel.

Sophie Keller et Eve Denjean, *Millénaire 3*, 05/05/3023

Texte 2 :

Numérique et spectacle vivant : une nouvelle scène à investir

Le secteur culturel face au vieillissement des publics
Actuellement, un écart se creuse dans la culture avec la hausse de l'âge moyen des spectateurs. D'une manière générale, l'âge moyen des publics des équipements culturels a eu tendance à augmenter ces dernières années du fait de l'accroissement du poids des seniors dans la population française et de leur mode de loisirs plus tournés vers les sorties, mais aussi parfois du fait d'une désaffection des jeunes. […]

En partant de ce constat, les structures tentent de trouver des solutions pour toucher ces nouveaux publics. Étant donné que le public jeune, déjà complètement intégré au monde numérique (« digital native »), est plus difficilement atteignable via les canaux de communication traditionnels, les établissements doivent trouver un langage qui les atteindra et les fera réagir, tout en continuant à toucher la génération de ceux qui se sont mis au numérique une fois adulte […].

À l'Opéra de Paris par exemple, la moyenne d'âge du spectateur est de 44 ans. Face à cela, les 25-34 ans sont largement représentés dans le public de la 3ᵉ Scène, plateforme numérique de l'Opéra national de Paris.

…/…

Un monde numérique très évolutif et surabondant

Le monde du numérique évolue sans cesse, les usages changent et de nouvelles initiatives digitales émergent chaque jour, repoussant sans cesse les limites des possibilités offertes par cet univers. […]

Dans le même temps, les organismes culturels se retrouvent en concurrence frontale avec une offre culturelle en ligne sans cesse démultipliée. Publicités, journaux en ligne, jeux, ou contenus d'amis, les publics sont sans cesse bombardés de contenus qui peuvent paraître tous plus attractifs les uns que les autres. Face à cela, difficile pour un acteur culturel de tirer son épingle du jeu. C'est pourtant tout à fait possible, et même loin d'être aussi compliqué qu'on peut le penser, il s'agit tout simplement d'expérimenter.

Expérimenter pour trouver des solutions adaptées

[…] Des outils simples existent, qu'il s'agit parfois seulement de tester, puis d'analyser, en se trompant pour recommencer. Cela permet à la structure de lancer des actions de plus en plus appropriées.

Dans cette optique le Centre des monuments nationaux (CMN) a lancé […] le projet « Mission Graffiti ». Il s'agit d'un jeu en ligne comportant des énigmes digitales à résoudre à l'aide de profils de personnages fictifs sur Facebook et d'indices cachés dans le programme papier. À partir du moment où le programme a été mis en ligne, le CMN n'a cessé de l'adapter et de l'améliorer en temps réel, en fonction des retours des utilisateurs. En restant à l'écoute de ses joueurs, le CMN a pu apprendre à les connaître et en a tiré des enseignements pour ses prochaines actions. […]

Dépasser la peur de l'échec et surmonter la déception

On attend du digital qu'il résolve tout et vite. Au lancement d'un projet, les attentes des lieux sont souvent disproportionnées et les déceptions sont tout aussi grandes en cas d'échec. Or il n'y a pas de recette magique : il s'agit de se saisir des outils digitaux existants sur le marché et les tester. […]

Il s'agit surtout de dépasser une forme de crainte du numérique partagée par de nombreux professionnels du secteur culturel, de surmonter un certain nombre d'a priori à ce sujet. […]

Mettre à profit cette expérimentation pour découvrir de nouveaux publics

Aujourd'hui, les nouveaux publics découvrent une majorité d'offres culturelles à travers les réseaux sociaux. En conséquence, ils ont tendance à acheter des places au dernier moment, ce qui rend peu effectifs les outils de communication traditionnels au profit des outils numériques.

Or, les lieux culturels utilisent encore trop souvent les réseaux sociaux de manière approximative, alors même que les personnes touchées sont facilement identifiable lorsqu'elles réagissent aux contenus postés sur la toile. Afin de répondre à ces nouvelles pratiques, les établissements culturels doivent expérimenter de nouvelles façons d'attirer ces publics. […]

Étude menée par Balthus en collaboration avec le ministère de la Culture / Direction générale de la création artistique (DGCA), 15/02/2021

2 Essai argumenté

Écrivez un texte argumentatif de 250 mots minimum sur ce sujet :

Vous êtes abonné(e) à une salle de spectacle en France. Vous avez constaté que le public de cette salle est majoritairement âgé. En tant que spectateur/trice, vous écrivez à la direction de cette salle. Vous critiquez ce fait et vous soutenez que cette salle devrait chercher à attirer un public plus jeune, aussi bien par sa programmation que par sa communication. Vous proposez des pistes pour offrir aux jeunes des expériences de spectacles vivants.

Conseils

- Contrairement à la synthèse, vous développerez ici votre point de vue. Il suivra un déroulement logique, avec une introduction, une conclusion, une progression cohérente et des arguments soutenus par des exemples.
- Le sujet portant toujours sur le même thème que la synthèse, vous pouvez utiliser les textes lus pour soutenir votre propos (exemples, références, idées…).
- Respectez bien le sujet : il oriente votre point de vue et vous donne un contexte, un rôle (ex. : vous êtes un journaliste, un lecteur, un économiste, un parent d'élève…) qui implique un registre de langue, un ton et un objectif (convaincre, critiquer, réfuter…). Cette adéquation au sujet est notée à l'examen.

UNITÉ 10 — La littérature

LEÇON 1 • Une littérature engagée

VOCABULAIRE

1 Reliez ces mots à leur synonyme.

a. Un consensus
b. Une finalité
c. Incitatif/incitative
d. Inextricable
e. Convaincre

1. Un but
2. Persuader
3. Embrouillé(e)
4. Un accord
5. Motivant(e)

GRAMMAIRE

2 Complétez les phrases suivantes pour former des zeugmes syntaxiques en ajoutant un élément concret et un élément abstrait.

Exemple : *Chaque soir, tombent* **la nuit** *et* **les espoirs**.

a. En partant ce jour-là, il a repris .... et ....
b. Je crois en .... et en ....
c. Sans argent, on manque de .... et de ....
d. Cet après-midi, j'ai croisé .... et ....

3 Dites si les phrases suivantes sont des zeugmes syntaxiques ou des prétéritions.

a. Monsieur Bucher, pour ne pas le nommer, a encore réussi à remporter toutes les louanges. ....
b. Il est inutile de vous rappeler que nous sommes ici pour prendre une décision. ....
c. Elle lui a demandé de faire ses valises et qu'il parte immédiatement. ....
d. « Sous le pont Mirabeau coule la Seine et nos amours » (Guillaume Apollinaire, *Alcools*). ....

COMPRÉHENSION ORALE

4 🔊 40 Écoutez et répondez aux questions.

a. Colporter signifie ...
   1. divulguer. ☐   2. modifier. ☐
b. Dans quelle langue a été écrit *Tristan et Iseut* ?
....
c. Quel impact ce livre a-t-il eu sur la vie de Clara Dupont-Monot, la narratrice ?
....
d. Être conciliant(e) signifie ...
   1. être pacificateur/pacificatrice. ☐
   2. être arrangeant(e). ☐
e. D'après Clara Dupont-Monot, quelle influence un livre peut-il avoir sur la vie amoureuse ?
....

94 Unité 10 • La littérature

COMPRÉHENSION ÉCRITE

5 Lisez le texte et répondez aux questions.

Littérature et politique, une question de liens

C'est de saison, le politique. Quel rapport la littérature entretient-elle avec lui ? C'est l'objet de ce livre, composé d'entretiens avec certains des plus importants écrivains et écrivaines contemporains. D'Annie Ernaux, née en 1940, à Sandra Lucbert, née en 1981, plusieurs générations d'auteurs et d'autrices représentatifs, selon l'auteur, de la diversité d'une littérature contemporaine foisonnante, donnent ainsi leur avis sur « La littérature s'oppose-t-elle au discours et à la langue politique ? », « Faudrait-il des écrivains au gouvernement ? » ou encore « Vous souvenez-vous de votre première manifestation et de vos premiers votes ? ». Certes, le livre sort cette semaine dans un contexte de compte à rebours avant le premier tour, où quelques écrivains parmi d'autres personnalités de la culture ont rendu public leur choix au scrutin. Mais on ne trouvera nullement ici d'opinions politiques stricto sensu ou des intentions de vote. Sur certains thèmes se dégagent de vraies tendances. Ainsi du premier, « Avez-vous la nostalgie de la littérature engagée ? », la quasi majorité des auteurs disent non, prenant leur distance avec une certaine époque.

« Étiquette, scolaire et figée », selon Nathalie Quintane. « Je me méfie d'ailleurs énormément de la littérature dite engagée », dit Nicolas Mathieu. « Il faudrait abandonner cette histoire sartrienne de littérature engagée pour envisager celle de littérature consciente », propose Patrick Chamoiseau. La distinction entre « langue de gauche » et « langue de droite » n'apparaît pas plus féconde. On observe par ailleurs un consensus écrasant dans le fait que la littérature est politique, « qu'elle le veuille ou non », dixit Laurent Binet. « Mais l'importance que j'accorde à l'écriture va avec le sentiment d'une responsabilité particulière dans ce qui se passe ici et maintenant », exprime d'une autre manière Annie Ernaux.

Davantage sujette à développement et à débat est : « Pensez-vous que la littérature contemporaine s'est dépolitisée ou au contraire qu'elle se repolitise ? » Pour Yannick Haenel, elle est travaillée par les menaces écologiques, financières, sanitaires, terroristes. Nathalie Quintane considère que « [o]ui, il y a un retour massif du politique dans la littérature, en particulier dans le roman, mais de manière souvent très thématique : on va parler des luttes, on va aller interviewer des femmes de ménage, faire une enquête ici et là. Ce sont de bonnes intentions de la part des écrivains, même de la part du public qui lit ces livres, mais cela reste pris dans des formes romanesques plus ou moins traditionnelles, qui n'essaient pas d'aller forcément très loin ».

Frédéric Roussel, *Libération*, 07/04/2022

a. Foisonnante signifie …
   1. abondante. ☐   2. homogène. ☐

b. De quelle manière le livre dont il est question dans le texte parle-t-il de politique ?
....
....

c. Quelle est l'opinion des autrices et des auteurs interrogés concernant la littérature engagée ?
....

d. D'après les personnes interrogées, la littérature est-elle politique ?
....
....

PRODUCTION ÉCRITE

6 Annie Ernaux a dit : « Les textes permettent de comparer et de comprendre : on s'effare moins, on condamne moins ce dont on a l'expérience par la lecture. » Commentez cette citation en donnant votre opinion de manière claire et détaillée.

UNITÉ 10

LEÇON 2 • Une littérature de la francophonie

VOCABULAIRE

1 Reliez ces mots à leur définition.
- a. La narration
- b. L'oralisation
- c. La description
- d. La caractérisation
- e. L'énonciation

1. C'est un texte qui évoque une réalité concrète.
2. C'est l'ensemble des attributs et des comportements qui viennent caractériser un personnage de fiction.
3. C'est un exposé écrit et détaillé d'une suite de faits, dans une forme littéraire.
4. C'est l'acte de production individuelle du discours dans des circonstances données.
5. C'est le fait de lire en articulant ce qu'on lit avec la voix.

GRAMMAIRE

2 Réécrivez chaque phrase en utilisant le présent de narration.

a. Chaque semaine, le cercle littéraire se réunissait dans le salon de thé du quartier pour discuter des grands classiques de la littérature mondiale.
....

b. À travers les pages de ce roman, l'écrivain explora les tréfonds de l'âme humaine, dévoilant les tourments et les passions qui animent ses personnages.
....

c. Dans la pénombre de leur chambre, les poètes laissèrent jaillir les mots comme des étoiles filantes, illuminant les ténèbres de leur esprit.
....

d. Pendant la séance de dédicaces, l'autrice a échangé des anecdotes avec ses lecteurs, partageant les coulisses de la création littéraire avec enthousiasme.
....

e. Chaque jour, l'étudiant se plongeait dans les méandres de la littérature comparée, explorant les liens entre les œuvres et les mouvements artistiques à travers les siècles.
....

COMPRÉHENSION ORALE

3 🔊 41 Écoutez et répondez aux questions.

a. Être féru(e) de signifie …
   1. être obsédé(e) par. ☐   2. être passionné(e) par. ☐

b. Qu'est-ce que l'histoire alternative ?
....

c. Comment est définie la fiction spéculative ?
....

d. Qu'est-ce qu'un écrivain en herbe ?
   1. C'est un écrivain débutant. ☐
   2. C'est un écrivain écoresponsable. ☐

e. Comment peut-on interpréter l'expression : « On n'apprend pas à nager en restant dans le petit bain » ?
....
....

COMPRÉHENSION ÉCRITE

4 Lisez le texte et répondez aux questions.

« Qu'a-t-on fait d'Anne Frank ? » se questionne Lola Lafon dans son nouveau roman

Sortie remarquée de la rentrée littéraire, Quand tu écouteras cette chanson *raconte la nuit que Lola Lafon a passée dans la Maison Anne Frank à Amsterdam. Une expérience chargée d'émotions qui permet aussi à l'écrivaine de se confronter à sa propre histoire familiale.*

L'écrivaine française Lola Lafon a choisi la Maison Anne Frank à Amsterdam et plus particulièrement son annexe pour y passer une nuit. C'est dans ce lieu exigu, situé dans les combles, que la jeune fille juive a vécu cachée avec sept autres personnes à partir de juin 1942. 25 mois plus tard, ils sont tous arrêtés puis déportés. Anne Frank meurt du typhus dans le camp de Bergen-Belsen au printemps 1945. Elle avait 15 ans.

Durant les deux ans qu'ils passeront là, les habitants seront, la plupart du temps, dans l'impossibilité de bouger ou de faire du bruit, puisque seule une poignée des employés qui travaillent en dessous sont au courant de leur présence. « Et pourtant, c'est dans ce lieu qu'est née une œuvre et c'est cela qui m'a intéressé », confie Lola Lafon. Une œuvre en forme de journal intime qui a connu le succès planétaire que l'on sait depuis sa publication en 1947.

Avant de se rendre sur place, l'autrice de *Chavirer* s'est beaucoup documentée et a eu l'occasion de parler avec Laureen Nussbaum, une des dernières personnes en vie à avoir connu Anne Frank et qui est devenue une spécialiste de son histoire. C'est elle qui apprend à Lola Lafon que c'est en entendant un ministre hollandais en exil qui demandait fin mars 1944 aux habitants et habitantes de conserver leurs documents, lettres et écrits afin d'avoir des preuves qu'Anne Frank s'est dit que son journal pourrait être un jour publié. Elle décide de le retravailler entièrement afin d'en faire une œuvre littéraire. Du statut de jeune fille qui écrit son journal intime, l'adolescente devient une écrivaine. Cette découverte est un choc pour Lola Lafon : Anne Frank était une véritable autrice, mais cela a été complètement occulté ! « Aucune édition, dans aucun pays ne fait mention du travail de réécriture d'Anne Frank elle-même. Le *Journal* est présenté comme l'œuvre spontanée d'une adolescente », écrit-elle dans son roman. Et l'écrivaine française de raconter comment le contenu même de ce journal a été transformé par la suite. Que ça soit en supprimant les passages où la jeune fille parle de sa sexualité ou lorsqu'on en fait une pièce de théâtre à Broadway en 1955 qui met en avant l'histoire d'amour entre Anne et Peter, mais où toute référence à la judaïté ou au nazisme est coupée. Ou encore lorsque l'on demande au réalisateur du film sorti en 1959 de changer la fin jugée trop triste.

Nicolas Julliard, RTS, 29/11/2023

a. Se confronter à signifie …
   1. affronter quelque chose. ☐   2. combattre aux côtés de quelqu'un. ☐

b. En quoi la création du journal d'Anne Frank au sein de l'annexe est inédite ?
....

c. Suite à quoi Anne Frank a-t-elle décidé d'utiliser son journal intime pour écrire son œuvre littéraire ?
....

d. Occulter signifie …
   1. supprimer. ☐   2. dissimuler. ☐

e. En quoi Anne Frank n'a-t-elle jamais été considérée en tant qu'écrivaine ?
....

PRODUCTION ÉCRITE

5 Écrivez le portrait d'un auteur ou d'une autrice majeur(e) de votre langue maternelle (biographie, courant littéraire, œuvres principales, etc.).

UNITÉ 10

LEÇON 3 • Une littérature dynamisée

VOCABULAIRE

1 Reliez ces figures de style à leur définition.
- a. Une anaphore
- b. Une assonance
- c. Une allitération
- d. Une litote
- e. Une hyperbole

1. C'est la répétition de consonnes.
2. C'est l'expression d'une idée en utilisant une formulation atténuée ou sous-entendue, souvent en niant le contraire de ce que l'on veut dire de manière ironique ou sarcastique.
3. C'est la répétition d'un mot ou d'une expression en début de phrase et à plusieurs reprises.
4. C'est l'exagération de manière volontaire d'une idée.
5. C'est la répétition d'une voyelle ou d'un son.

GRAMMAIRE

2 Identifiez les assonances ou les allitérations dans chaque phrase.
- a. Les larmes légères luisaient dans le soleil couchant, rappelant les rires lointains de l'enfance.
- b. Dans la forêt sombre, le murmure mystérieux des feuilles mortes résonnait comme un écho énigmatique.
- c. Les vagues violentes se brisaient contre les rochers rugueux, créant un rythme sauvage et puissant.
- d. Les rêves de l'écrivain s'envolaient comme des papillons légers, cherchant à capturer l'essence insaisissable de l'imagination.
- e. Les éclats éblouissants du feu dansaient joyeusement dans l'obscurité de la nuit, réchauffant l'âme de l'homme solitaire.

COMPRÉHENSION ORALE

3 🔊 42 Écoutez et répondez aux questions.
- a. Qui sont les critiques littéraires qui ont émergé sur le réseau social TikTok ?

  ....

- b. Poignant signifie ...
  1. violent. ☐
  2. bouleversant. ☐
- c. Quel est le type de critique littéraire que l'on retrouve sur TikTok ?

  ....

- d. Un regain de popularité signifie ...
  1. une recrudescence de succès. ☐
  2. une baisse de succès. ☐
- e. Quel est le nouveau public recherché par les agents littéraires ?

  ....

98 Unité 10 • La littérature

COMPRÉHENSION ÉCRITE

4 Lisez le texte et répondez aux questions.

LE POUVOIR DES MOTS

Même s'il affiche déjà 274 000 followers sur Instagram, s'il a déjà publié une quinzaine d'ouvrages, s'il enchaîne les chroniques sur France Inter, Baptiste Beaulieu se tient loin du star-system. « C'est très important pour moi de faire la différence, je veux que les patients viennent me voir parce que je suis un bon médecin et non parce qu'ils ont lu mes livres ou m'ont vu à la télévision. Écrire est une partie de ma vie qui ne doit pas interférer dans ma vie professionnelle. Le plus important, c'est le patient, ce n'est pas moi. » Tout est dit…

Le généraliste a toujours considéré qu'il était au service des gens : « Un médecin rentre dans l'intimité des familles, les gens nous font confiance. » Le Toulousain a commencé à écrire ce qu'il voyait lors de ses gardes aux urgences pour sauvegarder la mémoire. Il a d'abord consigné ses écrits sur un blog, ouvert en 2012. « Je voyais tellement de choses bouleversantes, de drames humains, j'avais l'impression que les soignants arrivaient à tout supporter et à tourner la page. » Le médecin hypersensible a été repéré par le journal *Le Monde* qui s'est intéressé à ses écrits en ligne, sans le contacter, sans lui en parler. « Du jour au lendemain, je suis passé de quelques lecteurs sur mon blog à 300 000. C'était incroyable ! Et là, tout s'est enchaîné… » L'humaniste est passé de l'ombre à la lumière, les maisons d'édition ont commencé à le solliciter. Il a publié son premier livre, *Alors Voilà*, du nom de son blog. En toute simplicité et avec beaucoup d'humanité, Baptiste Beaulieu relate les anecdotes racontées par ses patients. Il parle aussi de maltraitance médicale, de la cause LGBT, des femmes, du sexisme, de la lutte contre la grossophobie, des clichés, du regard des autres, de la santé des soignants qui savent si bien prendre soin des autres et s'oublient parfois, de l'homoparentalité, de son bébé de quelques mois… « J'ai accompli mon rêve d'enfant », s'enthousiasme l'intéressé. « J'ai choisi deux métiers. J'ai fait un bac scientifique et postulé à une prépa littéraire tout en ayant envie de m'inscrire en médecine. » L'écriture pour Baptiste Beaulieu est une soupape, une liberté qu'il s'offre entre deux patients, la nuit, au petit matin… Il ne travaille pas à la commande. Les éditeurs lui font confiance. « Je raconte, je défends des valeurs. Je sers de portevoix à tous ceux qui ne sont pas assez visibles. Il faut réfléchir sur la façon dont on soigne aujourd'hui, comment on peut améliorer la situation. Je veux essayer de faire bouger les lignes en permettant aux gens de s'exprimer. »

Dorisse Pradal, *La Gazette du Midi*, 23/10/2023

a. Interférer signifie …
  1. s'immiscer ☐
  2. faire partie. ☐

b. Pourquoi Baptiste Beaulieu a-t-il commencé à écrire ?
....
....

c. Qu'est-ce qui a lancé Baptiste Beaulieu ?
....
....

d. Une soupape signifie …
  1. un défouloir. ☐
  2. une échappatoire. ☐

PRODUCTION ÉCRITE

5 Répondez de manière claire et détaillée à cet appel à témoignages.

APPEL À TÉMOIGNAGES

Vous et la littérature

Pour un dossier spécial littérature, nous recherchons des témoignages de lectrices et de lecteurs sur leur rapport aux livres et à la littérature.

Quel est le livre ou l'ouvrage qui vous a le plus marqué en tant que lecteur ou lectrice ? Quel livre vous a fait aimer ou détester la littérature ?

Envoyez-nous votre témoignage.

ENTRAÎNEMENT AU DALF C2

COMPRÉHENSION ET PRODUCTION ÉCRITE

Entraînez-vous dans les conditions du DALF : réalisez ces deux exercices en 3 h 30.

> **Conseils**
> - La production écrite C2, même si elle est basée sur la lecture de divers documents traitant du même thème, est bien différente de la synthèse du niveau C1 ! Il ne s'agit pas de synthétiser les documents, mais d'écrire un texte argumentatif témoignant d'une opinion.
> - Les textes et documents à lire et consulter avant d'écrire sont là pour vous fournir des idées, des éléments, des exemples. Les réutiliser est important, car ils prouvent votre compréhension des écrits. Mais vous n'êtes pas obligé(e) d'être en accord avec leurs propos : vous pouvez réfuter leurs arguments !
> - Dans votre production écrite, reformulez les propos des textes sur lesquels vous vous appuyez. Si vous reprenez une ou plusieurs phrases entières d'un document, il s'agit d'une citation : utilisez les guillemets (« … ») et mentionnez la source (auteur, titre de l'article / support de publication).
> - Avant de commencer la lecture du dossier, lisez les deux sujets proposés : cela vous permet de bien prêter attention aux faits et aux idées qui pourront vous être utiles pour développer votre propre argumentation.
> - Respectez bien le sujet que vous avez choisi : il oriente votre point de vue et il vous donne un contexte, un rôle (ex. : vous êtes un journaliste, un lecteur, un économiste, un parent d'élève…) qui implique un registre de langue, un ton et un objectif (convaincre, critiquer, réfuter…). Cette adéquation au sujet est notée à l'examen.

1 COMPRÉHENSION ÉCRITE

Lisez les documents de ce dossier « La lecture pour la jeunesse ».

Document 1 :

Les jeunes privilégient de nouveaux modes de lecture

Une enquête commandée par le Centre national du livre (CNL) à l'Ipsos montre que les jeunes plébiscitent de nouveaux modes de lecture, décomplexés et immersifs.

Quel rapport les jeunes entretiennent-ils avec la lecture ? Et quels leviers et autres actions faudrait-il imaginer afin de lever les freins qui éloignent, encore trop souvent, les enfants et les adolescents du livre et de la lecture ?

C'est tout l'enjeu de l'enquête sur la lecture des 7-25 ans commandée par le CNL […] qui propose […] un éclairage tout en nuances d'une situation plus contrastée qu'il n'y paraît et permet – en passant – de se débarrasser de lieux communs voire de contre-vérités (« les jeunes ne lisent plus ! »).

Réalisée à partir d'un échantillon représentatif de 1 500 personnes, cette enquête fouillée, aborde – entre autres – la question des écrans (« comment, dans le quotidien des jeunes gens, le livre et l'écran s'accordent-ils ? »), mesure la montée en puissance des mangas […].

Un état des lieux nuancé

L'enquête le confirme : le décrochage de lecture à l'adolescence est, comme l'avaient souligné les précédentes éditions de l'enquête […], toujours bien présent et réel. La lecture « loisirs » décline fortement quelle que soit la classe d'âge, après 12 ans et l'entrée au collège. Les causes ? Elles sont multiples, mais le temps passé sur les écrans polarise à juste titre toutes les attentions (*voir encadré*).

Pour autant – et c'est l'une des bonnes nouvelles de l'enquête – 84 % des jeunes gens disent « aimer » la lecture. Et pour plus de 40 % d'entre eux, ils « l'adorent ». Derrière ce paradoxe apparent, on peut voir une adaptation aux nouveaux usages et pratiques de la lecture (livre numérique, podcast…). De fait, aujourd'hui, les jeunes gens lisent « comme ils veulent et quand ils veulent ».

Vers de nouveaux modes de lecture

Invité par le CNL à s'exprimer sur les résultats de cette étude, […] Claude Poissenot (sociologue, enseignant-

…/…

chercheur à l'IUT Métiers du Livre de Nancy […]) a donné une appréciation instructive de la situation.

« Les jeunes gens jouent avec nous », dit-il. « On leur prescrit des livres et ils lisent, certes, mais ils lisent des mangas, ces ouvrages dont parents et professeurs ne savent pas très bien ce que c'est. Ils s'approprient la lecture du point de vue de leur propre expérience, ils la redéfinissent et redéfinissent ainsi la culture de l'écrit elle-même. Pour comprendre, il faut se souvenir que la lecture est déjà "préemptée" par les parents, les professeurs et les institutions. Fatalement, les jeunes gens s'intéressent aux formes qu'ils trouvent pour dire je et pour dire nous, des espaces de liberté. L'enjeu, c'est de sortir de l'injonction, de la contourner et, là, trouver de quoi lire ! »

« Le relationnel est alors une piste intéressante pour l'action publique », poursuit-il. « Le relationnel, […] à savoir une relation personnelle plutôt qu'institutionnelle. Le succès, à cet égard, des CDI* et des bibliothèques, quant à l'accueil des élèves et au soutien à la lecture est très intéressant. Ce succès n'est pas dû au hasard : dans ces lieux, la relation personnelle compte, une relation personnelle dont l'importance est confirmée par l'étude (rôle des mères, succès incontestable de la lecture à haute voix…). Dans cet esprit, l'initiative d'une institution comme le Centre national du livre, qui est présent sur les réseaux sociaux et lance sa campagne #jeliscommejeveux, est, à mon sens, particulièrement pertinente car c'est précisément de cela qu'il s'agit : je lis comme je veux, y compris sur un support numérique, y compris en écoutant des podcasts. »

* CDI : centre de documentation et d'information, bibliothèque présente dans tous les établissements scolaires du secondaire en France.

Ministère de la Culture, 25/03/2022

Lire au temps des écrans

Globalement, 81 % des 7-25 ans lisent pour leurs loisirs, par goût personnel. Si l'on ôte les élèves du primaire, ce chiffre tombe à 77 %. Ils ont lu cinq livres au cours des trois derniers mois […]. Les 7-19 ans lisent, plus qu'avant, des BD / mangas / comics, quand les 20-25 ans privilégient encore les romans.

Mais le décrochage de lecture à l'adolescence est toujours bien présent et réel. La lecture « loisirs » décline fortement chez tous, après 12 ans et l'entrée au collège.

Par ailleurs, chez les jeunes gens, le temps consacré à la lecture, en une semaine, est inférieur à celui qu'ils passent sur les écrans… en un jour seulement (3 h 14 de lecture/semaine contre 3 h 50 d'écran/jour) ! Les écrans sont d'ailleurs omniprésents dans leur vie. Et par-dessus le marché, 47 % des jeunes font souvent autre chose sur écran en même temps qu'ils lisent : envoyer des messages, aller sur les réseaux sociaux, regarder des vidéos…

Néanmoins, ils sont nombreux à aimer la lecture. Pour tous, la préférence pour d'autres activités est le principal frein, et les lecteurs loisirs déplorent aussi le manque de temps, mais 84 % des jeunes aiment la lecture (42 % adorent), qui leur permet de se faire plaisir (48 % des lecteurs loisirs), se détendre et s'évader (43 %), ou de s'occuper (31 %).

Et ils plébiscitent l'expérience de lecture à voix haute par leurs parents, dont ils gardent un souvenir très positif.

À souligner : ils n'hésitent plus à se tourner vers de nouvelles pratiques vis-à-vis de la lecture et des livres. 40 % des 7-25 ans ont déjà lu un livre numérique, 59 % ont déjà écouté un livre audio ou un podcast et, bien qu'encore minoritaire, Internet devient un critère d'influence pour 29 % des lecteurs loisirs. YouTube, Instagram et TikTok seraient d'ailleurs, pour bon nombre d'entre eux, une manière de s'informer sur les livres.

Document 2 :

Quels sont les bienfaits de la littérature jeunesse sur le développement de l'enfant ?

Quels sont les bienfaits de la littérature pour les plus jeunes ? Comment les livres jeunesse accompagnent les enfants dans leur développement ?

Depuis le *Télémaque* de Fénelon, publié en 1699, à destination du jeune duc de Bourgogne, la littérature de jeunesse détient une fonction éducative, morale. Elle a aussi pour ambition de distraire les jeunes lecteurs, de contribuer à forger leur personnalité, à transmettre des savoirs. C'est également une littérature d'évasion, de l'imaginaire. Sans oublier d'éclairer sur de grandes questions existentielles ou d'actualité…

À l'occasion du salon du livre et de la presse jeunesse qui se déroule en ce moment à Montreuil […], nous nous interrogeons sur les multiples bienfaits du livre destiné aux enfants et aux adolescents. En compagnie de l'écrivaine Susie Morgenstern et du créateur de *Mortelle Adèle*, Mr Tan alias Antoine Dole.

Ce que permet la littérature jeunesse :

• Le plaisir :

Pour Susie Morgenstern, c'est le plaisir avant tout ! L'autrice […] veut que les enfants s'amusent et se divertissent en lisant ses livres.

…/…

ENTRAÎNEMENT AU DALF C2

- **Explorer le réel**

Pour Gwenaëlle Boulet [journaliste], cela permet de découvrir d'autres réalités que la sienne : « C'est surtout une stratégie d'exploration du réel. L'exemple qu'on donne, c'est comme si vous mettez dans un récit qu'on va s'envoler. C'est avant tout pour explorer le fait qu'on ne vole pas. Et donc la littérature jeunesse va permettre à l'enfant [...] de pouvoir commencer à explorer le réel à travers l'imaginaire. Et ça, c'est quelque chose qui est incroyable et formidable pour la vie. »

- **Un exutoire**

Vivre ce qu'on n'a pas le droit de vivre ailleurs, c'est aussi ce que permet la littérature jeunesse. Gwenaëlle Boulet explique cela à propos de *Mortelle Adèle*, qui fait beaucoup de bêtises, et qui est à certains égards une peste : « Ce que permet *Mortelle Adèle*, c'est de vivre tout ce qu'ils n'ont pas le droit de vivre dans la vraie vie, pas le droit de dire en tout cas, c'est-à-dire toute cette méchanceté un petit peu qu'on a aussi au fond de nous, ou qu'on ne veut pas toujours s'avouer, qu'on ne peut pas dire, parce qu'il faut être poli, qu'il faut être gentil et que les enfants doivent rentrer quand même assez vite dans des cases. *Mortelle Adèle* est aussi un exutoire pour pouvoir oser exprimer des choses qu'on a en soi. »

Julien Bisson [journaliste] est tout à fait d'accord avec cette idée et apporte d'autres exemples : « Ce sont les personnages de Roald Dahl, la potion magique de Georges Bouillon, dans lequel Georges va maltraiter sa grand-mère. C'est Matilda qui se venge de tous ceux qui peuvent la mépriser, lui faire du mal. »

- **Du réconfort**

La littérature jeunesse peut aussi constituer un réconfort, pour les enfants et les adolescents, qui ne vivent pas forcément des choses faciles. Certains ont par exemple besoin de s'identifier, pour se sentir moins seuls, comme l'explique Susie Morgenstern : « Comme dans *Privée de bonbecs*, qui parle d'une petite fille diabétique. Il y a toujours un enfant dans une école qui me dit merci pour ce livre parce que lui aussi est diabétique. [...] C'est aussi la possibilité pour les enfants de trouver quelqu'un qui vit la même chose. [...] » [...]

Julien Bisson, qui explique que la littérature jeunesse vient au départ des contes de fée, résume les diverses fonctions de la littérature jeunesse : « C'est à la fois une forme d'évasion, une forme de divertissement, mais aussi une forme d'apprentissage pour l'enfant. » Que des atouts !

Extrait du podcast *Grand bien vous fasse !*, Ali Rebeidhi, Radio France, 20/11/2022

Document 3 :

Comment offrir aux ados une alternative au prêt-à-lire ?

Noyée sous une production de masse commerciale, la littérature jeunesse de qualité peine à exister. État des lieux avec la critique Sophie Van der Linden.

« Peu importe ce qu'ils lisent du moment qu'ils lisent. » Pour Sophie Van der Linden, critique spécialisée en littérature jeunesse, cette formule souvent entendue, répétée comme un mantra, est loin d'être anodine : le combat pour la lecture serait-il en train de tuer la littérature ?

« Depuis quelques années, observe-t-elle, la baisse massive de la pratique de la lecture chez les ados a entraîné un mouvement de panique. Que faire pour éviter le fameux "décrochage", terreur des parents et des médiateurs du livre, libraires et bibliothécaires ?

Jouer sur la séduction, ont répondu la plupart des éditeurs, proposer aux ados des livres qui correspondent à leurs goûts, des histoires qui les caressent dans le sens du poil, qui les plongent immédiatement dans l'action, leur évitent la "prise de tête", multiplient les clins d'œil au cinéma ou à la télévision, supposés plus populaires, ou encore réchauffent les vieilles recettes des best-sellers précédents. D'où la prolifération, sur le marché du roman destiné aux ados, de ces fameux livres "accroches", tout-venant commercial, produits de consommation censés répondre à la demande des jeunes "décrocheurs" de la lecture et de leurs familles en détresse.

Chacun peut constater que, dans l'ensemble de la production proposée aujourd'hui aux jeunes lecteurs, la part des écritures contemporaines et du littéraire est manifestement restreinte, réduite à quelques collections et éditeurs, poursuit Sophie Van der Linden. Même si certains libraires et bibliothécaires s'efforcent encore de les mettre en avant, ces ouvrages plus ambitieux souffrent d'un manque criant de visibilité, de relais critiques, et par conséquent se vendent mal et sortent peu des rayons des bibliothèques. D'autant plus que l'institution scolaire s'est aujourd'hui repliée sur les classiques, négligeant la littérature contemporaine et en particulier celle destinée à la jeunesse, qui se trouve du coup largement délégitimée.

Noyée dans la masse de la production commerciale, méprisée par ceux qui considèrent le roman jeunesse comme un sous-genre, que va devenir la littérature jeunesse ?, s'interroge Sophie Van der Linden. Après s'être focalisé sur le combat pour la lecture, ne faut-il pas aujourd'hui défendre la littérature ? Car, au bout du compte, lire de mauvais romans ne vaut guère mieux que ne rien lire du tout. L'enjeu en terme de construction de la personnalité des enfants ou des adolescents, conclut-elle, est de les confronter au geste artistique ou poétique. Seule cette rencontre peut véritablement changer la donne. »

Michel Abescat, *Télérama*, 10/11/2017

Document 4 :

Des bénévoles-lecteurs aînés pour transmettre le plaisir de la lecture aux enfants

Document 5 :

Miss Book, https://www.youtube.com/@MissBook

Document 6 :

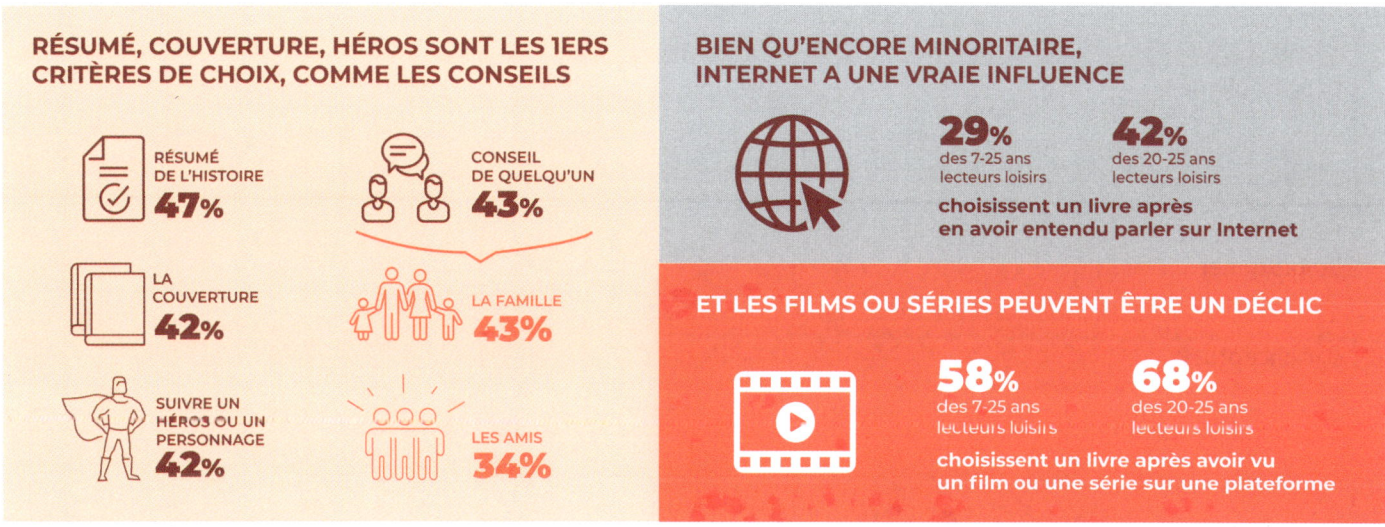

« Infographie », Étude 2022, Les jeunes Français et la lecture, CNL, Ipsos, https://centrenationaldulivre.fr/actualites/resultats-de-l-etude-les-jeunes-francais-et-la-lecture

2 PRODUCTION ÉCRITE

Choisissez un des deux sujets ci-dessous :

Sujet 1 : Vous êtes bibliothécaire, vous rédigez un article pour le bulletin des médiathèques. L'importance de la pratique de la lecture chez les enfants, adolescents et jeunes est indéniable, et doit de ce fait être soutenue par les diverses institutions et le monde adulte. Cependant, il vous importe que cette lecture soit de qualité, apporte réellement quelque chose au jeune public et ne se limite pas à une consommation de produits écrits.

Sujet 2 : Vous écrivez une tribune dans le bulletin de l'association de parents d'élèves dont vous faites partie. Vous encouragez les parents à favoriser la lecture chez leurs enfants, comme une activité de plaisir, non contrainte. Si des ouvrages peuvent être de moins bonne qualité, c'est l'acte de lecture en lui-même qui vous semble important. Il vous semble que les différents modes de lecture plébiscités par les enfants et les jeunes doivent être soutenus par les parents comme par les institutions scolaires et culturelles.

En vous appuyant sur les documents du dossier, vous rédigez un texte structuré, dans lequel vous développez vos arguments personnels, en adéquation avec le sujet que vous avez choisi. Dans votre texte, vous devrez prendre clairement position et proposer des solutions concrète, dans un style approprié au sujet choisi et convaincant. Votre texte devra faire 700 mots minimum.

L'usage de dictionnaires monolingues français / français est autorisé.

UNITÉ 11 — Les arts visuels

LEÇON 1 • Les arts visuels pour s'exprimer et comprendre le monde

VOCABULAIRE

1 Reliez ces mots à leur définition.

a. La santé mentale
b. L'indicible
c. La gentrification
d. L'hérédité
e. L'entre-soi

1. C'est ce que l'on ne peut dire.
2. C'est la tendance à l'embourgeoisement d'un quartier populaire.
3. Ce sont des personnes qui choisissent de vivre dans leur microcosme social.
4. C'est un état de bien-être qui permet à chacun de faire face aux difficultés normales de la vie.
5. C'est la transmission par voie de succession.

2 Écrivez des phrases avec les adjectifs suivants. Faites les accords nécessaires.

a. Impérieux :
....
b. Symbolique :
....
c. Flou :
....
d. Rationnel :
....
e. Conceptuel :
....

COMPRÉHENSION ORALE

3 🔊 43 Écoutez et répondez aux questions.

a. Avoir soif d'adrénaline signifie …
  1. avoir besoin d'aventures. ☐
  2. être en souffrance. ☐

b. Qu'est qui a attiré Guillaume vers le mouvement hip-hop ?
....
....

c. Quel est l'avis de Léna concernant le graffiti ?
....

d. D'après Fred, quelles techniques artistiques particulières sont nécessaires au graffiti ?
....

e. Pourquoi l'association Paris Street Culture privilégie les graffs éphémères pour les enfants ?
....

COMPRÉHENSION ÉCRITE

4 Lisez le texte et répondez aux questions.

Le combat des « colleuses », militantes contre les féminicides, à l'honneur dans le documentaire « Riposte féministe »

Après les murs des villes, les salles obscures : le combat des « colleuses », ces militantes qui ont contribué avec leurs affiches artisanales à la prise de conscience publique autour des féminicides notamment, est au centre du documentaire *Riposte féministe*, en salles mercredi 9 novembre. Quelques-unes de ces « colleuses », vêtues de noir en signe de deuil, avaient déjà marqué en mai dernier le festival de Cannes, où ce film était projeté hors compétition, en déroulant sur le tapis rouge les noms de dizaines de victimes de féminicides. « Céline, défenestrée par son mari », « Présumées menteuses », « Même mon chien comprend quand je lui dis non », « Mon corps, mon choix, et ferme ta gueule »… Ce sont ces messages plaqués sur des murs dans toute la France, sur feuilles A4 blanches, qui ont d'abord interpellé les documentaristes Marie Pérennès et Simon Depardon, fils de Raymond, le légendaire photographe et réalisateur. Leur film donne la parole à ces jeunes femmes, « la voix de celles qui n'en ont plus » selon leurs mots. Du nord au sud de la France, militantes chevronnées, rompues aux thèses féministes ou elles-mêmes victimes de violence, elles expriment leur colère face à une société sexiste. Créé au départ pour rendre hommage aux victimes de féminicides, le mouvement a vite évolué. Certaines ont trouvé dans le collectif une écoute, et « depuis que je colle, je n'ai plus peur le soir dans la rue », affirme l'une d'elles dans le documentaire. « On voulait restituer le quotidien de ces femmes, absolument pas avoir des gens qui nous diraient vous devez penser comme ci, comme ça, on n'aurait jamais écouté », a expliqué à l'AFP Simon Depardon. Pour cela, l'équipe a suivi les « colleuses » lors de leurs virées nocturnes mais aussi en dehors pour « avoir des moments où la caméra ne se sent absolument pas, c'est ce qui fait que le spectateur et la spectatrice peuvent se forger leur propre idée ».

« On dit le féminisme n'a jamais tué personne, mais est-ce qu'il ne faudrait pas aller plus loin dans la lutte » ?, se demande l'une d'elles à l'écran, aussitôt contredite par une autre colleuse qui juge que la violence, « c'est la domination ». « On voulait montrer que les débats comme ça entre militantes, c'est ce qui fait avancer, qui pousse à réfléchir autrement », dit Marie Pérennès. *Riposte féministe* montre aussi l'hostilité à l'égard des colleuses : « On va systématiquement essayer de les faire taire », raconte Simon Depardon. Par leurs messages, les « colleuses » veulent « aisser une trace dans l'espace public, s'approprier la rue », disent-elles. C'est dans la rue aussi que les féministes manifestent.

Franceinfo Culture avec AFP, 04/11/2022

a. La prise de conscience signifie …
   1. une désinformation. ☐   2. une révélation. ☐

b. Qui sont les « colleuses » et quelle est leur action ?
....
....

c. Chevronné(e) signifie …
   1. expérimenté(e). ☐   2. diplômé(e). ☐

d. En quoi, d'après Marie Pérennès, le débat entre militantes est intéressant ?
....
....

e. Quel est l'objectif des messages des « colleuses » ?
....
....

PRODUCTION ÉCRITE

5 Décrivez une œuvre d'art qui est un symbole dans votre pays. Expliquez pourquoi cette œuvre est si importante pour les habitants et / ou dans l'histoire de votre pays.

UNITÉ 11

LEÇON 2 • Les arts visuels et l'humain

VOCABULAIRE

1 Complétez les phrases avec les mots suivants.

grâce – incomplétude – paupérisation – consumérisme – engouement

a. L'............................ de l'œuvre laissait planer un mystère fascinant, invitant les spectateurs à interpréter leur propre vérité.

b. La .... de l'art contemporain est devenue un défi majeur pour les artistes cherchant à préserver leur intégrité créative.

c. La .... de la ballerine sur scène capturée par le peintre évoquait une beauté intemporelle.

d. Le .... croissant dans le monde de l'art a souvent conduit à une esthétique standardisée et dénuée de profondeur.

e. L'............................ pour l'art urbain a transformé les rues en galeries à ciel ouvert, reflétant l'évolution de la culture contemporaine.

GRAMMAIRE

2 Conjuguez les verbes entre parenthèses au subjonctif passé.

a. Je suis émue que l'artiste .... (*exprimer*) si parfaitement la douleur et la beauté dans son dernier tableau.

b. Il est triste que certains critiques .... (*ignorer*) le génie artistique des femmes peintres qui ont contribué à l'avancement de l'art.

c. Je regrette que les conservateurs .... (*ne pas sélectionner*) davantage d'œuvres qui mettent en lumière les défis contemporains.

d. Je suis surpris que cette œuvre d'art .... (*ne pas susciter*) plus de débats parmi les critiques.

e. Nous aurions préféré qu'ils .... (*se battre*) pour faire restituer ces statuettes à leur pays d'origine.

COMPRÉHENSION ORALE

3 🔊 44 Écoutez et répondez aux questions.

a. L'abondance signifie …
   1. la recrudescence. ☐   2. la profusion. ☐

b. Quelle est l'initiative récente du Rijksmuseum d'Amsterdam en ce qui concerne ses œuvres d'art ? Combien d'œuvres sont mises à disposition gratuitement ?

....

c. Comment l'auteur exprime-t-il sa crainte liée à cette abondance d'œuvres d'art accessibles en ligne ? Quelles sont ses réflexions à ce sujet ?

....

d. Quels sont les avantages et les fonctionnalités offerts par la plateforme en ligne du Rijksmuseum, selon l'auteur ?

....

e. Quelle expérience personnelle l'auteur partage-t-il concernant sa découverte d'une œuvre d'art spécifique grâce à cette initiative du Rijksmuseum ?

....

COMPRÉHENSION ÉCRITE

4 Lisez le texte et répondez aux questions.

« Anatomie d'une chute » : comment le cinéma d'auteur français est devenu le plus primé au monde

Le cinéma d'auteur français contemporain est en passe de devenir le plus réputé et le plus primé au monde. On ne compte plus les prestigieuses récompenses glanées par les cinéastes français à l'échelle internationale au cours des trois dernières années. Depuis 2021, la France a remporté deux Ours d'or à Berlin (*Sur l'Adamant* de Nicolas Philibert, *Dahomey* de Mati Diop), deux Palmes d'or (*Titane* de Julia Ducournau, *Anatomie d'une chute* de Justine Triet) et un Lion d'or à Venise (*L'Événement* d'Audrey Diwan). À ces prix s'ajoutent ceux de Claire Denis, Trần Anh Hùng, Leos Carax ou Florian Zeller, qui a décroché l'Oscar du meilleur scénario pour *The Father*. « De manière générale, il y a un goût des cinéphiles du monde entier pour le cinéma français et pour son audace », confie Alice Lesort, responsable des ventes internationales des Films du Losange. « C'est un cinéma à l'identité extrêmement forte qu'on ne produit pas ailleurs. » D'*Anatomie d'une chute* à *Titane* en passant par *Saint-Omer* d'Alice Diop, ces prix à foison témoignent de la liberté de ton du cinéma français. « Il faut vraiment être de très mauvaise foi pour dire que le cinéma français n'est pas suffisamment créatif », commente David Thion. « En France, on sait faire des choses d'une inventivité folle avec beaucoup moins d'argent qu'aux États-Unis », se réjouit Alice Lesort. « On est à une époque où on assène beaucoup les vérités », complète-t-elle. « Le cinéma est un espace de réflexion d'une situation dans toute sa complexité. Il amène le spectateur à s'interroger, à questionner ses certitudes plutôt qu'à vouloir lui imposer des informations. » Soit exactement ce qui a contribué au succès mondial d'*Anatomie d'une chute*.

Dans une industrie où la parité est loin d'être acquise, la majorité de ces films sont signés par des femmes. « Je ne pense pas que ces films ont été récompensés parce que c'étaient des réalisatrices. C'est le talent qui est primé », insiste Alice Lesort. « C'est un cheminement qui a été longtemps en germe et qui porte ses fruits et qui n'a pas fini de porter ses fruits surtout. » Forte du succès mondial d'*Anatomie d'une chute*, Justine Triet pourrait-elle devenir une sorte de cheffe de file ? « Qu'elle le veuille ou non, elle incarne en effet désormais quelque chose », glisse David Thion. Les photos où la cinéaste pose une cigarette à la main et un verre de champagne dans l'autre, sont devenues virales depuis le Festival de Cannes et ont fait d'elle une égérie cool des cinéphiles internationaux.

Jérôme Lachasse, BFMTV, 09/03/2024

a. Selon Alice Lesort, quels sont les aspects distinctifs du cinéma français qui contribuent à son attrait auprès des cinéphiles du monde entier ?

....

b. Être de mauvaise foi signifie …
  1. être malhonnête. ☐   2. être non-croyant(e). ☐

c. Quelle est l'opinion de David Thion sur la créativité du cinéma français par rapport à celui des États-Unis ?

....

d. Quel est l'argument avancé par Alice Lesort concernant le rôle du cinéma dans la remise en question des certitudes du spectateur ?

....

e. La parité signifie …
  1. que le patriarcat est représenté. ☐
  2. que chaque sexe est représenté à égalité dans les institutions. ☐

PRODUCTION ÉCRITE

5 Serge Tribolet a dit : « L'œuvre n'est pas qu'un support, mais un lieu habité par une présence, un savoir, une intention, la parole au sens large d'un homme, qui s'adresse directement à notre inconscient. » Commentez cette citation en donnant votre opinion de manière claire et détaillée.

UNITÉ 11

LEÇON 3 • L'omniprésence de l'art

VOCABULAIRE

1 Reliez ces mots à leur définition.

a. L'appartenance
b. La détresse
c. L'empathie
d. Le glamour
e. L'hybridation

1. C'est la capacité à se mettre à la place des autres.
2. C'est le mélange de différentes choses qui crée quelque chose de nouveau.
3. C'est le sentiment d'être inclus dans un groupe.
4. C'est le charme sophistiqué, la séduction.
5. C'est un état émotionnel de souffrance.

GRAMMAIRE

2 Complétez les phrases suivantes avec *tel* à la forme qui convient.

a. Cette œuvre d'art est .... une explosion de couleurs, je l'adore.
b. Les gratte-ciel de cette ville sont .... des géants qui dominent l'horizon urbain.
c. La robe portée par le mannequin est .... une œuvre d'art que les spectateurs en restent bouche bée.
d. Les sculptures de ce parc sont .... des sculptures vivantes qui semblent prendre vie à chaque regard.

3 Complétez les phrases suivantes avec *tel que, telle que, tels que* ou *telles que*.

a. La galerie d'art moderne expose une variété d'œuvres remarquables, ... des peintures abstraites, des sculptures contemporaines et des installations multimédias.
b. Les grandes maisons de couture sont réputées pour créer des vêtements de haute qualité .... les robes de soirée en soie.
c. Ce musée abrite des œuvres contemporaines .... des installations artistiques expérimentales.
d. L'architecte a conçu un bâtiment moderne .... sa façade en verre reflète la lumière du soleil.
e. Les défilés de mode présentent une grande diversité .... des collections inspirées par l'art urbain et la nature.

COMPRÉHENSION ORALE

4 🔊 45 Écoutez et répondez aux questions.

a. Quelles sont les caractéristiques principales de la Fashion Week de Paris ?
....

b. Quel est le rôle des défilés de mode pendant la Fashion Week ?
....

c. Quelles sont les différences entre la haute couture et le prêt-à-porter ?
....

d. Quels sont les autres grands centres de la mode dans le monde ?
....

e. Quelles sont leurs spécificités ?
....

COMPRÉHENSION ÉCRITE

5 Lisez le texte et répondez aux questions.

La mode visionnaire d'Iris van Herpen s'expose au musée des Arts décoratifs

Alors que l'exposition *Des cheveux et des poils* se terminait à la dernière rentrée, le musée des Arts décoratifs poursuit son exploration – infinie et inspirante – de la mode et de la représentation du corps au travers d'un hommage sublime destiné à Iris van Herpen. Pionnière de l'innovation, la créatrice fusionne mode, art et sciences comme personne, livrant un univers fascinant à qui ose s'y confronter. L'exposition retrace, au gré d'un parcours thématique, le fil d'une mode plurielle et intuitive. Ouverte autant aux savoir-faire traditionnels qu'à l'usage des nouvelles technologies, l'approche d'Iris van Herpen se démarque très tôt dans sa discipline. Après avoir fondé sa maison en 2007, la créatrice formée auprès d'Alexander McQueen prend son envol. En 2010, elle marque les esprits en même temps que l'histoire de la mode lorsqu'elle présente sa première robe imprimée en 3D issue de la collection Crystallization. Une pièce iconique qui remet totalement en question les typologies traditionnelles du vêtement, signe que dépasser les normes n'effraie guère Iris van Herpen, pas plus qu'ouvrir une voie nouvelle dans le monde de la haute couture. « Ce fut un moment très important de ma carrière », se souvient la créatrice. « J'ai vu les limites de la mode traditionnelle, et j'ai voulu les dépasser. J'étais alors très inspirée par les éléments qui m'entouraient, tel que le mouvement naturel de l'eau, mais je voyais que le fil et l'aiguille ne pouvaient pas me permettre de rendre compte de toute la complexité de ces sensations. C'est pourquoi j'ai commencé à penser à d'autres manières de concevoir le vêtement, en prenant en compte les nouvelles technologies. Depuis, ma boîte à outils s'est grandement élargie. J'ai découvert un nouveau langage avec lequel m'exprimer. »

Née en 1984, Iris van Herpen grandit dans le village néerlandais de Wamel. « Mon premier souvenir mode est lié à ma grand-mère. Elle adorait l'art et les vêtements, alors comme elle, je me suis mise à aimer ça. Quand j'étais petite, je m'amusais à me parer de ses costumes, à m'imaginer dans des robes de mariée... Je n'en avais pas forcément conscience à l'époque, mais je pense que c'est de là que me vient l'envie d'incarner. J'aime la force que le vêtement peut apporter », nous confie-t-elle à propos de son enfance. C'est avec cette même passion qu'elle imagine ses collections aujourd'hui, depuis son atelier à Amsterdam où les baies vitrées sont suffisamment grandes pour laisser entrer toute la lumière extérieure ainsi que le reflet de la rivière, qui coule à deux pas. Au regard de l'exposition, on comprend toutefois que la poésie de la nature fait autant appel à la nostalgie qu'à la projection dans l'esprit d'Iris van Herpen. Consciente des problématiques de son temps, la créatrice favorise depuis ces dernières années des méthodes de fabrication alternatives et responsables, en témoignent certaines de ses réalisations faites à partir de plastique recyclé ou de fèves de cacao imprimées en 3D.

Marthe Mabille, *Vogue France*, 29/11/23

a. Quels sont les principaux éléments qui caractérisent l'approche artistique d'Iris van Herpen ?

....

b. En quoi l'enfance d'Iris van Herpen influence son travail créatif aujourd'hui ?

....

c. Quels sont les thèmes récurrents dans les créations d'Iris van Herpen ?

....

d. En quoi les méthodes de fabrication alternatives et responsables sont-elles importantes pour Iris van Herpen ?

....

PRODUCTION ÉCRITE

6 Rédigez un article d'opinion dans lequel vous explorez le rôle du tatouage dans la société moderne : raisons de la popularité croissante des tatouages, évolution en tant que forme d'expression artistique, perceptions sociales et professionnelles des tatouages, stéréotypes et préjugés associés à cette pratique...

ENTRAÎNEMENT AU DALF C2

COMPRÉHENSION ET PRODUCTION ORALES

Entraînez-vous dans les conditions du DALF : réalisez l'écoute du document et la préparation de vos monologues en 1 h 30.

46 Écoutez le document sonore et prenez des notes sur son contenu.
Écoutez une deuxième fois le document sonore et complétez vos notes.
Préparez ensuite votre intervention (1 h de préparation) : exercices 1 et 2.

L'usage de dictionnaires monolingues français / français est autorisé.

Conseils
- Vous écouterez le document deux fois. Il est assez long (13 minutes 30). Pendant vos deux écoutes, votre prise de note vous servira à la fois pour l'exercice 1, qui est un compte-rendu du document sonore, et pour l'exercice 2, où vous devrez soutenir un point de vue, comme si vous participiez à l'émission de radio.
- Avant de commencer l'écoute, lisez les deux sujets proposés dans l'exercice 2 :
  – cela vous permettra d'avoir déjà une idée du thème qui sera traité dans le document ;
  – cela vous permettra de noter également, pendant votre écoute, les idées et arguments qui pourraient vous être utiles pour développer votre propre argumentation lors de l'exercice 2.

1 MONOLOGUE SUIVI : PRÉSENTATION DU DOCUMENT

Vous présenterez, en 5 à 10 minutes, le contenu du document sonore.
Vous reprendrez l'ensemble des informations et des points de vue exprimés, mais selon un ordre et une structure logique efficace.

Conseils
- Il s'agit de faire un compte-rendu du document sonore : vous ne suivrez pas l'ordre du document, mais vous organiserez ses propos selon un ordre logique et clair et vous en reformulerez les idées. Pour cela, comme dans l'exercice de la note de synthèse du DALF C1, vous devrez organiser les idées entendues dans un plan, pour en rendre compte de manière claire.
- Vous pourrez bien sûr laisser de côté des détails ou exemples, mais votre exposé devra retransmettre précisément les points de vue présents dans le document sonore.
- Vous devez rester neutre, ne pas ajouter de commentaires ou d'informations, comme dans l'exercice de la note de synthèse du DALF C1.
- Notez les noms des intervenants et placez-les dans leur contexte (spécialités, professions, etc.) pour présenter leurs propos. Le jury appréciera toujours que vous présentiez le format de l'émission et les intervenants ; cela montre également que vous avez bien compris le document.

2 MONOLOGUE SUIVI : POINT DE VUE ARGUMENTÉ

Vous présenterez votre point de vue pendant 10 minutes, de manière argumentée, selon une structure logique et convaincante. Choisissez et traitez un seul des deux sujets :

Le jury tient le rôle du journaliste de l'émission de radio à laquelle vous avez assisté.

Sujet 1 : Vous participez à l'émission en tant qu'habitant(e) de la ville. Bien que l'art urbain puisse permettre d'embellir la ville, il vous semble important que sa pratique fasse l'objet d'un accord. Si les origines de ce mouvement artistique sont dans la clandestinité, aujourd'hui sa présence est très répandue et il peut sortir du vandalisme. Il reste à définir des règles pour encadrer sa pratique, définir ce qui endommage l'espace public ou au contraire l'enjolive. Vous faites des propositions en ce sens et argumentez votre opinion en vous appuyant sur des exemples.

Sujet 2 : Vous participez à l'émission en tant que graffeur ou graffeuse. Vous appréciez que le public comme les municipalités voient positivement l'art de rue. Cependant, vous pensez que cela comporte le risque de canaliser les créations urbaines et l'expression spontanée à la base de cet art, afin de l'adapter à des commandes publiques ou des volontés municipales. La définition de la beauté comme de la dégradation est très subjectif, et mérite d'être réfléchie. Il vous semble que l'expression libre et publique doit pouvoir avoir lieu hors de cadres déterminés par la société. Vous argumentez dans ce sens en vous appuyant sur des exemples.

Conseils

- Vous développerez ici votre point de vue, selon un déroulement logique. Vos arguments seront soutenus par des exemples, données, références.
- Deux sujets vous seront proposés. Les sujets portant toujours sur le thème du document sonore, vous pouvez l'utiliser pour soutenir votre propos (exemples, références, idées...). Mais vous n'êtes pas obligé(e) d'être en accord avec son propos : vous pouvez réfuter ses arguments !
- Respectez le sujet que vous avez choisi : il oriente votre point de vue et il vous donne un contexte, un rôle (ex. : vous êtes un journaliste, un enseignant...) impliquant un registre de langue, un ton et un objectif (convaincre, réfuter...). Cette adéquation au sujet est notée à l'examen.

3 EXERCICE EN INTERACTION : DÉBAT

Lors du DALF, à la suite de vos présentations, vous débattrez avec le jury. Vous serez amené(e) à défendre, nuancer, préciser votre point de vue et à réagir aux propos de votre interlocuteur/trice.
Vous ne disposerez pas de temps de préparation pour cet exercice.

Présentez votre exposé à un(e) ou plusieurs camarades et réalisez un petit débat ensemble sur ce sujet.
Puis, écoutez l'exposé d'un(e) camarade. Présentez-lui d'autres arguments pour qu'il/elle développe sa réflexion et réponde à vos critiques et réfutations.

Conseils

- Pendant cet entretien, le jury aura souvent une opinion différente de la vôtre, il vous donnera l'impression qu'il n'est pas d'accord avec vous. N'ayez pas peur, c'est normal ! L'examinateur veut que vous souteniez votre opinion. Vous pouvez la nuancer, mais vous devez aussi l'argumenter, la justifier. Cet exercice est un débat : restez d'accord avec vous-même, et exprimez clairement vos arguments et vos exemples !
- L'examinateur ne jugera pas (et n'a pas le droit de juger !) votre opinion, vos idées. Il jugera votre capacité à argumenter, à développer vos idées, à soutenir votre point de vue et à répondre à ses questions.

UNITÉ 12 — Quiproquos

LEÇON 1 • Stéréotypes et chocs culturels

VOCABULAIRE

1. Reliez ces mots à leur définition.

a. Les codes culturels
b. Les autochtones
c. Les aprioris
d. Les caractéristiques
e. Les boucs émissaires

1. Ce sont les habitants d'un lieu, originaires de ce lieu.
2. Ce sont les éléments qui définissent quelqu'un ou quelque chose.
3. Ce sont les personnes utilisées pour être accusées de tous les problèmes.
4. Ce sont les préjugés, les idées préconçues sur un sujet, mais non vérifiées.
5. Ce sont les éléments d'une culture qui définissent les relations aux autres, la politesse, les normes.

GRAMMAIRE

2. Lisez ces extraits de poèmes et associez-les à la figure de style qui correspond : comparaison, métaphore ou personnification.

a. « C'était dans la nuit brune,
Sur le clocher jauni
La lune
Comme un point sur un i »
(Musset)

....

b. « Bergère ô tour Eiffel le troupeau des ponts bêle ce matin » (Apollinaire)

....

c. « Elle peignait ses cheveux d'or Je croyais voir
Ses patientes mains calmer un incendie. » (Éluard)

....

3. Continuez la métaphore de la première phrase pour qu'elle devienne une métaphore filée.

a. Elle m'a regardé avec ses yeux de cristal.

....

b. Mon voisin, un vrai rat de bibliothèque, lit énormément.

....

COMPRÉHENSION ORALE

4. 🔊 47 Écoutez et répondez aux questions.

a. Que veut dire l'expression « Un pied ici, un pied là-bas » ?
   1. Être tiraillé(e) entre deux cultures. ☐   2. Avoir des difficultés à comprendre une situation. ☐

b. Quels problèmes Eun-Mee rencontre-t-elle à son arrivée en France ?

....

c. Que signifie la métaphore de la tête de chien utilisée dans ce roman graphique ?

....

d. Quelles interrogations sont posées dans ce roman graphique ?

....

e. De quoi parle l'ouvrage de Samir Dahmani ?

....

COMPRÉHENSION ÉCRITE

5 Lisez le texte et répondez aux questions.

« MA RÉPUBLIQUE ET MOI », UNE ODE À LA MÈRE

Pour son premier spectacle en tant qu'auteur et metteur en scène, Issam Rachyq-Ahrad, ancien élève de l'ERAC [École régionale d'acteurs de Cannes], part d'un incident survenu le 11 octobre 2019, au conseil régional de Bourgogne-Franche-Comté, pour questionner avec une certaine légèreté et une belle lucidité son identité, ses croyances en la démocratie ainsi qu'aux fondements de la République, à l'heure où rien ne semble arrêter les idées rances et réactionnaires de l'extrême droite.

À l'époque, l'événement, oublié depuis tant d'autres incidents du même acabit […], avait fait le buzz. Un élu du Rassemblement national, se voilant de manière fallacieuse derrière les lois de la République et les principes de laïcité, avait exigé de manière vociférante, pour la soi-disant bonne tenue des débats parlementaires, que la présidente de l'assemblée régionale demande à une femme voilée – une maman venue accompagner la classe de son fils à découvrir les rouages de la démocratie française dans le cadre du programme « Ma République et moi » – de retirer son voile ou de quitter les lieux. L'estocade est violente. La stigmatisation inique.

Des rues de Cognac aux planches de théâtre

Se souvenant de la première fois où sa mère est venue le chercher voilée à l'école, de la honte ressentie, Issam Rachyq-Ahrad tire les fils des mécanismes de pensées qui ont mené à cette absurdité, à ce comportement haineux, à cet effacement systématique des premiers émigrés pour rentrer dans le rang coûte que coûte, quitte à renier principe, identité, sans parvenir, par manque de connaissance de la langue, à rester soi-même tout en assimilant une nouvelle culture.

Revenant sur sa naissance au Maroc, son arrivée à deux mois à Cognac en Charente, arpentant avec humour ses souvenirs d'enfance choyée bien qu'impécunieuse, racontant la manière dont il s'est construit en tant qu'homme, en tant qu'artiste, il dresse en filigrane le portrait tendre et drôle de sa mère, une femme simple, croyante, aimante qui lui a inculqué valeurs et respect. Jamais moralisateur, toujours positif et hâbleur, il amène le spectateur – peu importe ses origines, sa couleur de peau, ses croyances –, à déplacer son regard, à n'être jamais dans le jugement, et toujours dans la tolérance. Invitant le public à monter sur la scène du Théâtre de Grasse, où la pièce est jouée dans le cadre du festival Trajectoires, dans un dispositif des plus intimistes, s'entourant de celles qu'il appelle avec beaucoup d'affection ses mamans de Grasse – toutes sont venues en renfort pour l'aider à préparer le thé et les gâteaux, que l'on peut déguster à la fin du spectacle –, il habite le plateau de sa présence lumineuse, cabotine parfois mais sans jamais grossir le trait, charme d'un regard, d'un sourire ravageur. De *La Marseillaise* à *Lascia ch'io pianga* de Haendel, qu'il chante divinement, Issam Rachyq-Ahrad a trouvé le ton juste, le bon esprit. Sa langue fluide, sans prétention, mais profondément humaine, attrape au vol, titille nos consciences et déboulonne imperceptiblement préjugés et idées reçus. Conjuguant habilement divertissement et sujets plus graves, il signe, avec *Ma République et moi,* un spectacle nécessaire […].

Olivier Frégaville-Gratian d'Amore, *L'Œil d'Olivier : chroniques culturelles et rencontres artistiques*, 18/01/2024

a. De quoi le titre du spectacle, *Ma République et moi*, est aussi le nom ?
....

b. À partir de quel événement le spectacle est-il construit ?
....

c. Que questionne ce spectacle ?
....

d. Que signifie « une enfance choyée bien qu'impécunieuse » ?
   1. Une enfance avec beaucoup d'affection mais sans argent. ☐
   2. Une enfance avec beaucoup d'attentions mais sans divertissements. ☐

e. Quelle appréciation a l'auteur de l'article de ce spectacle ?
....

PRODUCTION ÉCRITE

6 Selon vous, l'art peut-il permettre de « déboulonner nos préjugés » ? Pourquoi ? Comment ? N'a-t-on pas aussi des préjugés sur l'art ?

UNITÉ 12

LEÇON 2 • S'entendre malgré tout

VOCABULAIRE

1 Associez ces deux colonnes pour retrouver les expressions idiomatiques.

a. Passer
b. Poser
c. Se fendre
d. Tomber sur
e. Prendre

1. la poire.
2. un lapin.
3. un verre.
4. des amis.
5. un coup de fil.

2 Écrivez chaque phrase en français standard.

a. Tu kiffes ta meuf ?
....

b. Tu l'as pécho où ton keum ?
....

c. Il est grave relou !
....

d. Tout est reuch ici !
....

e. Ce film il est chanmé, c'est un truc de ouf !
....

COMPRÉHENSION ORALE

3 🔊 48 Écoutez et répondez aux questions.

Extrait 1 :

a. Comment fonctionne cette émission ?
....

b. Comment un homme interviewé justifie-t-il qu'il ne connaît pas le mot « la mif » ?
....

c. Dans les expressions utilisées par les personnes interviewées, lesquelles sont « jeunes » ?
   1. Mdr. ☐   2. Poser une colle. ☐   3. Kiff. ☐

Extrait 2 :

a. Quelle est l'expression présentée ?
   1. Se faire daronner. ☐
   2. Se faire doigt au nez. ☐
   3. Se faire marroner. ☐

b. Quels synonymes de l'expression sont donnés par les personnes interviewées ?
....

c. Quel est le mot d'argot pour le père ? Et pour la mère ?
....

COMPRÉHENSION ÉCRITE

4 Lisez le texte et répondez aux questions.

L'argot et le verlan ont-ils leur place dans la langue française ?

[…] Selon Larousse, l'argot est un « ensemble des mots particuliers qu'adopte un groupe social vivant replié sur lui-même et qui veut se distinguer et/ou se protéger du reste de la société (certains corps de métiers, grandes écoles, prisons, monde de la pègre, etc.) ». L'argot peut alors être considéré comme un sociolecte, ou encore un vocabulaire propre à une profession ou une activité. […] L'argot et ses dérivés peuvent être utilisés pour chiffrer les messages qui, pour un profane, seront complètement incompréhensibles. Mais aussi pour briser des tabous ! Ces transformations linguistiques peuvent nous servir pour parler de sujets difficilement abordables, en général ou en public ; mais peuvent aussi enlever le côté sérieux, souvent très gênant et qui rend la communication compliquée. Ce sont justement les sujets comme l'amour, le sexe, l'argent et les femmes, qui ont une pléthore de traductions en argot. […] Les transformations linguistiques de l'argot et de ses dérivés font partie intégrante de la langue française : beaucoup d'expressions argotiques sont popularisées et entrent dans le dictionnaire du français dit traditionnel. […]

L'argot ou l'aspect historique de l'irrespect de la langue française

[…] On peut officiellement parler de l'argot depuis le XVIIe siècle, notamment avec l'apparition du livre *Le Jargon ou langage de l'argot reformé* d'Ollivier Chereau, écrit en 1629 et dont la réédition de 1630 est la plus ancienne version conservée, et en même temps probablement la première œuvre qui essayait de recueillir les expressions argotiques de l'époque de l'auteur. Et les dictionnaires de l'argot et du jargon, il y en a ! Ces derniers contiennent plus de 300 ans de transformations linguistiques documentées ! […]

Verlan, cette déformation merveilleuse de la langue française

Une des formes d'argot les plus connues, c'est évidemment le verlan, qui consiste à l'inversion des syllabes d'un mot. Le mot *verlan* lui-même est un bon exemple de ce processus qui est la verlanisation : verlan, c'est « *l'envers* » coupé en deux, qui devient versl'en et puis verlan. Des jeux linguistiques consistant à l'inversion des lettres ou des syllabes sont présents, surtout dans l'art et littérature français, depuis le XVIIe siècle. Plus tard, c'est dans le milieu de la pègre du XIXe siècle et dans le milieu ouvrier dans les années 50 et 60 que le verlan se développe. Le verlan se popularise dans les années 60 et 70, et c'est notamment grâce à la littérature et la musique : chez Auguste Le Breton en 1953 dans son roman policier *Du rififi chez les hommes* ou chez Renaud dans *Laisse béton* en 1978. Le mot *verlan* est lui-même introduit dans la langue courante en 1968.

Dans les années 70 et 80, le verlan est particulièrement utilisé par les habitants des banlieues […]. Mais c'est le développement du hip-hop et du rap français dans les années 90 qui a contribué à la popularisation du verlan auprès des jeunes. Le verlan est devenu partie intégrante d'identité des créateurs, mais aussi des amateurs de ce genre musical. Le verlan leur a aussi servi d'enrichissement artistique : très musical pour l'oreille, avec les allitérations, le verlan donne aux chansons de rap un côté poétique et expérimental. Il donne des possibilités créatives énormes, en permettant aux artistes de l'ajuster selon leur gré. […]

Les conséquences des transformations linguistiques

[…] Le verlan et les expressions argotiques, souvent raccourcies, s'avèrent très pratiques dans la communication par SMS, mais peuvent compliquer la communication professionnelle… […] Ainsi, il est fortement déconseillé de l'utiliser dans vos mails professionnels et de le garder pour les conversations autour d'un verre !

Eva Gierczynska, www.orthographiq.com, 10/11/2021

a. Selon cet article, à quoi sert l'argot ?
....

b. Pourquoi l'argot n'est-il pas nouveau ?
....

c. Qu'est-ce qui a contribué à la popularisation du verlan ?
....

d. Dans quelles circonstances est-il déconseillé d'utiliser le verlan ou l'argot ?
....

PRODUCTION ÉCRITE

5 Dans votre langue, y a-t-il un vocabulaire différent entre les générations ? Y a-t-il des codes de politesse empêchant d'utiliser certaines expressions dans certaines circonstances ? Écrivez à un(e) ami(e) francophone pour lui expliquer les codes linguistiques générationnels ou sociaux dans votre langue et faites une comparaison avec le français.

UNITÉ 12

LEÇON 3 • L'humour dans tous les sens

VOCABULAIRE

1 Reliez chaque mot à son synonyme ou explication.
- a. Caricaturer
- b. Tourner en dérision
- c. Avoir de l'à-propos
- d. Être satirique
- e. Être blessant(e)

1. Vexer
2. Critiquer avec humour
3. Minorer quelque chose
4. Répondre avec répartie
5. Décrire avec exagération

GRAMMAIRE

2 Réécrivez ces phrases extraites de *La Princesse de Clèves* (1678), de Madame de Lafayette, en français contemporain : passez les verbes conjugués au subjonctif plus-que-parfait au subjonctif passé ou conditionnel passé.

a. « Monsieur de Clèves ne trouva pas que Mademoiselle de Chartres eût changé de sentiments en changeant de nom. »

....

b. « Je n'eusse jamais soupçonné cette haine, interrompit Madame de Clèves »

....

c. « C'était un prince bien fait, beau, plein de feu et d'ambition, mais qui eut fait aussi un prince d'une grande élévation [...] .»

....

d. « Madame de Clèves avait d'abord été fâchée que Monsieur de Nemours eût eu lieu de croire qu'[il] l'avait empêchée d'aller [au bal] ; mais ensuite elle sentit quelque espèce de chagrin que sa mère lui en eût entièrement ôté l'opinion. »

....
....

COMPRÉHENSION ORALE

3 🔊 49 Écoutez et répondez aux questions.

a. Qu'est-ce qui fait sourire la journaliste quand elle est à Bruxelles ?

....

b. De quoi parle la bande dessinée que présente la journaliste ?

....

c. Quel est le ton employé dans cette bande dessinée ?
   1. L'ironie. ☐   2. La caricature. ☐   3. L'autodérision. ☐

d. Selon Gilles Dal, quelle est la spécificité de l'humour belge « inexportable » ?

....

e. Que signifie l'expression « se la ramener » ?
   1. Se vanter, se mettre en valeur. ☐   2. S'énerver, râler. ☐

COMPRÉHENSION ÉCRITE

4 Lisez cet extrait de la bande dessinée *Gaston Lagaffe*, puis répondez aux questions.

Le Cas Lagaffe, Gaston Lagaffe n° 9, Franquin, Dupuis, 1971, p. 31

a. Trouvez les jeux de mots utilisés dans cet extrait. Indiquez-les en face de leur définition.

1. À toute vitesse : ....
2. Être très surpris(e) : ....
3. Réussir quelque chose de manière impressionnante : ....
4. Partager une solution simple avec quelqu'un : ....
5. Voir quelque chose, l'avoir devant soi : ....
6. Impressionner quelqu'un : ....

b. Comment fonctionne l'humour de cette bande dessinée ? Décrivez ce qui est drôle dans l'avant-dernière image en utilisant un ou des jeux de mots.

PRODUCTION ÉCRITE

5 Décrivez une production culturelle drôle (bande dessinée, spectacle d'humoriste…) que vous appréciez particulièrement. Analysez son humour, son style, dans le but de donner envie de la connaître.

ENTRAÎNEMENT AU DALF C2

COMPRÉHENSION ET PRODUCTION ÉCRITE

Entraînez-vous dans les conditions du DALF : réalisez ces deux exercices en 3 h 30.

> **Conseils**
> - La production écrite C2, même si elle est basée sur la lecture de divers documents traitant du même thème, est bien différente de la synthèse du niveau C1 ! Il ne s'agit pas de synthétiser les documents, mais d'écrire un texte argumentatif témoignant d'une opinion.
> - Les textes et documents à lire et consulter avant d'écrire sont là pour vous fournir des idées, des éléments, des exemples. Les réutiliser est important, car ils prouvent votre compréhension des écrits. Mais vous n'êtes pas obligé(e) d'être en accord avec leurs propos : vous pouvez réfuter leurs arguments !
> - Dans votre production écrite, reformulez les propos des textes sur lesquels vous vous appuyez. Si vous reprenez une ou plusieurs phrases entières d'un document, il s'agit d'une citation : utilisez les guillemets (« ... ») et mentionnez la source (auteur, titre de l'article / support de publication).
> - Avant de commencer la lecture du dossier, lisez les deux sujets proposés : cela vous permet de bien prêter attention aux faits et aux idées qui pourront vous être utiles pour développer votre propre argumentation.
> - Respectez bien le sujet que vous avez choisi : il oriente votre point de vue et il vous donne un contexte, un rôle (ex. : vous êtes un journaliste, un lecteur, un économiste, un parent d'élève...) qui implique un registre de langue, un ton et un objectif (convaincre, critiquer, réfuter...). Cette adéquation au sujet est notée à l'examen.

1 Compréhension écrite

Lisez les documents de ce dossier « Conversation et lien social à l'heure du numérique ».

Document 1 :

Avec les smartphones, la conversation en péril ?

[...] Le smartphone a introduit au sein du lien social dans le monde entier un avant et un après de son usage. En une quinzaine d'années, la banalisation de son recours a opéré une transformation inouïe du rapport au monde et aux autres. J'aborderai ici seulement les profondes altérations que connaît la conversation face à l'impact colossal de la communication, notamment quand elle passe par la médiation du téléphone portable.

Communiquer n'est pas converser

J'entends par communication l'interposition de l'écran dans la relation à autrui, la distance, l'absence physique, une attention distraite, flottante... Utilitaire, efficace, elle appelle une réponse immédiate ou des justifications ultérieures car elle exige une disponibilité absolue qui induit par ailleurs le sentiment que tout va trop vite, que l'on a plus de temps à soi. À tout moment une notification, un appel, un message somme l'individu à une réponse sans retard qui maintient une vigilance sans relâche.
À l'inverse, la conversation relève souvent de la gratuité, de la flânerie, de la rencontre, elle est une parole partagée. Il s'agit seulement d'être ensemble en toute conscience et de dialoguer en prenant son temps. Si la communication fait disparaître le corps, la conversation sollicite une mutuelle présence, une attention au visage de l'autre, à ses mimiques et à la tonalité de son regard. Elle compose volontiers avec le silence, la pause, le rythme des uns et des autres. À l'inverse de la communication où toute suspension sollicite un pénible rappel, [...] d'un : « On a été coupé », « T'es là ? », « J'entends plus rien », « Je te rappelle ». La conversation n'a pas ce souci car le visage de l'autre n'a jamais disparu et il est possible de se taire ensemble en toute amitié, en toute complicité, pour traduire un doute, une méditation, une réflexion. Le silence dans la conversation est une respiration, dans la communication elle est une panne.
Il y a quelques mois à Taipei, j'étais dans un restaurant populaire. À une table, non loin de la mienne, est venue s'installer une dizaine de personnes de la même famille, des plus jeunes aux plus âgés. Le temps de prendre place, et tous ont sorti leur smartphone, les plus petits avaient deux ou trois ans, jusqu'aux anciens, la soixantaine. Ayant à peine jeté un coup d'œil au menu avant de commander,

.../...

tous se sont immergés dans la contemplation de leur portable, sans aucune attention les uns envers les autres. Ils n'ont pratiquement pas dit un mot et ils mangeaient leur smartphone à la main. Seule exception parfois, de petites tensions entre deux des enfants qui devaient avoir quatre ou cinq ans. Ils sont restés une bonne heure en n'échangeant guère plus que quelques phrases, sans vraiment se regarder. La scène aurait pu se passer à Strasbourg, à Rome ou à New York, dans n'importe quelle ville du monde. Elle est aujourd'hui commune. Il suffit d'entrer au hasard dans un café ou un restaurant pour voir la même situation. Les anciennes rencontres familiales ou amicales disparaissent peu à peu, remplacées par ces nouvelles civilités où l'on est ensemble mais séparés les uns des autres par des écrans, avec parfois quelques mots échangés avant de retrouver la quiétude de son portable, replié sur soi. À quoi bon s'encombrer des autres puisqu'un monde de divertissement est immédiatement accessible où l'on a plus à soutenir l'effort de nourrir la relation aux autres. La conversation devient désuète, inutile, pénible, ennuyeuse, alors que l'écran est une échappée belle qui ne déçoit pas et qui occupe agréablement le temps. […]

Autre donnée de plus en plus courante, regarder une vidéo criarde sans oreillette ou mettre le haut-parleur pour mieux entendre la voix de son interlocuteur.

Autre forme d'incivilité courante devenue banale, le fait de parler avec quelqu'un qui ne peut s'empêcher de sortir son smartphone de sa poche toutes les trente secondes, dans la peur de manquer une notification ou qui vous laisse tomber après une vibration ou une sonnerie. Échange de bon procédé, chacun occupant une place ou une autre selon les circonstances. La hantise de manquer une information provoque cette fébrilité des adolescents, mais pas seulement, et cette quête éperdue du smartphone dans la poche, à moins qu'il ne reste en permanence à la main. […] Même posé près de soi sur une table, l'expérience montre que le smartphone exerce un magnétisme difficile à contrer, les regards se posent avec régularité sur lui dans une sorte de nostalgie.

Pour ces usagers, les relations à distance, sans corps, sont moins imprévisibles, moins frustrantes, elles n'engagent que la surface de soi, et en ce sens elles apparaissent souvent préférables aux interactions de la vie réelle. Elles donnent lieu à des relations conformes au désir et fondées sur la seule décision personnelle sans craindre un débordement, car dès lors il suffit d'interrompre la discussion en prétextant un problème de réseau et de couper la communication. Les interactions en face-à-face sont plus aléatoires, plus susceptibles de blesser ou de décevoir. Mais plus on communique moins on se rencontre, plus la conversation disparaît du quotidien. Les écrans donnent le moyen de franchir le miroir du lien social pour se retrouver ailleurs sans plus de contrainte de présence à assumer devant les autres. Ils induisent une communication spectrale, essentiellement avec soi-même, ou avec un minimum d'altérité. […]

Un sentiment d'isolement croissant

La société numérique ne se situe pas dans la même dimension que la sociabilité concrète, avec des personnes en présence mutuelle qui se parlent et s'écoutent, attentifs les uns aux autres, en prenant leur temps. […]

Paradoxalement, certains la voient comme une source de reliance alors que jamais l'isolement des individus n'a connu une telle ampleur. Jamais le mal de vivre des adolescents et des personnes âgées n'a atteint un tel niveau. La fréquentation assidue de multiples réseaux sociaux ou l'ostentation de la vie privée sur un réseau social ne créent ni intimité ni lien dans la vie concrète. […] Bien entendu certains y trouvent du lien du fait de leur isolement, mais ce dernier n'est-il pas aussi une incidence du fait que l'on ne se rencontre plus dans la vie réelle ? […] Mais il ne reste du lien qu'une simulation. Les cent « amis » des réseaux sociaux ne valent pas un ou deux amis dans la vie quotidienne.

Le smartphone donne les moyens de ne plus tenir compte des autres. Il contribue à l'émiettement social, et paradoxalement, non sans ironie, il se propose comme le remède à l'isolement, la prothèse nécessaire puisqu'on ne se parle presque plus dans les trains, les transports en commun, les cafés, les restaurants, maints autres lieux propices autrefois aux rencontres, mais qui juxtaposent aujourd'hui des individus isolés, séparés, en contemplation devant leur écran.

De nouvelles formes d'expression émergent qui relèvent désormais de l'évidence pour nombre de contemporains, et pas seulement pour les *digital natives*. Globalement la connexion prend le pas sur une conversation renvoyée à un anachronisme mais non sans un impact majeur sur la qualité du lien social […].

David Le Breton, *The Conversation*, 20/03/2024

ENTRAÎNEMENT AU DALF C2

Document 2 :

L'art de la conversation

Spécialiste de l'histoire de la conversation, l'écrivain Emmanuel Godo définit ce fleuron de la culture française comme un art de vivre ensemble par la parole. Rencontre avec cet essayiste [...].

Qu'est-ce qu'une bonne conversation ?
Il s'agit d'une forme d'échange ayant pour préoccupation essentielle l'entente. Sans exclure la confrontation, mais le plaisir ressenti à converser est plus important que le fond de l'argumentaire. L'espace de la conversation n'est pas celui du débat. Sa pente naturelle est de se tenir à distance des pressions du politique et des lieux de pouvoir. Les salons du XVIIe siècle s'écartent de la cour ; ils relèvent plutôt de ce que l'on appelle aujourd'hui le *soft power*.* La conversation est une œuvre instantanée et éphémère, qui se crée à plusieurs, par la parole. Classiquement, elle est possible à partir de trois personnes [...] et jusqu'à neuf [...]. Mais je considère que l'on peut mener une très bonne conversation en duo !

Vous avez écrit, dans votre livre *La Conversation, une utopie de l'éphémère*, que notre époque n'est pas moins propice qu'une autre à la conversation. Pourquoi faut-il le rappeler ?
Je fais référence à notre environnement culturel français, qui vit avec le spectre de la conversation. Dans notre pays, à l'époque classique, celle-ci a été élevée au rang d'art. De là, l'idée d'un déclin contre laquelle je m'élève : chaque époque génère les formes de conversation qui lui sont propres. Dans notre société communiquant jusqu'à la nausée, elle peut être une réponse à certaines de nos pathologies contemporaines, dont les infox [...] sont l'un des symptômes apparents. Ce qui est moins évident, c'est le nivellement de l'information : une photo dérobée ou le moindre faits divers sont mis sur le même plan qu'une nouvelle d'importance ou une analyse de fond.

L'intelligence artificielle devient omniprésente dans nos vies. Que vous inspirent les robots conversationnels ?
Tout dépend de notre rapport avec la machine. L'important est de ne pas y être assujettis. L'usager doit demeurer maître du jeu, trouver la bonne distance, garder sa capacité de discernement. L'échange par SMS, par exemple, permet une forme de créativité. Et, si la personne que vous aimez est à l'autre bout du monde, les moyens technologiques permettent d'entretenir un lien. Mais la conversation implique une présence réelle : cela ne peut pas être remplacé. Rien ne vaut le face-à-face ! [...] D'autre part, ce qui est irremplaçable, c'est le surgissement de l'inattendu, les hasards et les bonheurs de la conversation. Le sel d'une rencontre avec autrui, dissemblable, stimulant, ne peut pas être programmé dans un algorithme. Nous avons tous des identités sociales, tentons de correspondre à une certaine image... Mais, pour que la rencontre advienne, une brèche dans ces identités constituées, une association d'idées, un souvenir, un lapsus, facilitent la connivence. [...]

* *soft power* : puissance d'influence ou de persuasion exercée sans moyen coercitif, par les voies culturelles, notamment.

Interview de Emmanuel Godo, par Gaëlle Cloarec,
Valeurs mutualistes, n° 341, décembre 2021

Document 3 :

Relations sociales : le numérique peut-il compenser le manque d'échanges directs ?

[...] [D]e nombreuses recherches attestent de l'importance des relations aux autres sur le bien-être et la qualité de vie, aux différents âges de la vie.

Chez les enfants, les relations familiales, les relations entre pairs, les loisirs et l'environnement scolaire sont perçus comme essentiels au bien-être et à une bonne qualité de vie. [...] De façon similaire, un sentiment de solitude, de moindres contacts avec les amis et un niveau bas de loisirs sont associés à une plus faible satisfaction de vie chez les adolescents. À cette période, le groupe est au centre de la vie quotidienne et les pairs apportent un soutien émotionnel. En grandissant, la transition vers l'âge adulte passe aussi par de nouvelles rencontres et de nouveaux modes d'interactions qui soutiennent les adultes émergents pour faire face aux challenges liés à l'autonomisation. Pour les adultes, les liens sociaux (familiaux, amicaux, professionnels) jouent également un rôle dans la gestion du stress, le bien-être et la santé mentale. Les relations sociales et le sentiment de ne pas être seul sont également un facteur de protection contre les troubles de l'humeur chez les personnes âgées. [...]

Nouvelles interactions numériques

Les outils numériques permettent d'entrer en relation avec autrui sur un mode différent des relations en face à face. D'ailleurs, [...] les relations interpersonnelles sont une des principales motivations à utiliser les outils numériques (que ce soit par les réseaux sociaux, les appels vidéo, les messageries, les jeux en réseau...).

.../...

Les spécificités de ces outils – absence de contact direct ou de contrainte géographique – entraînent un autre rapport à autrui : tout en permettant un lien social, ils offrent l'opportunité d'avoir un certain contrôle sur la façon de se présenter, de répondre et d'être en relation. Les personnes pour qui être face à l'autre peut être source d'anxiété peuvent ainsi interagir dans un environnement où elles sont plus à l'aise.

Les relations numériques peuvent être de qualité et permettre intimité, authenticité, dévoilement de soi et réduire le sentiment de solitude. […]

Le rapport de *We Are Social* sur le numérique dans le monde a montré que les usages numériques ont connu une forte hausse [avec] la pandémie, au début de l'année 2020, et plus particulièrement dans les pays où les mesures de confinement et de distanciation physique étaient les plus strictes.

[…] Les grands-parents […] ont ainsi pu garder le contact avec leurs petits-enfants et parfois même s'en occuper pour les devoirs pendant que les parents étaient en télétravail. Les « apéros Zoom » se sont également multipliés de façon à conserver des moments de convivialité, de même que les visioconférences pour les réunions de travail. […]

Cette augmentation de la socialisation numérique a touché toutes les classes d'âge mais reste plus importante pour les 16-34 ans, âge où le rapport à l'autre est essentiel, en particulier dans la construction de son identité. Par ailleurs, les jeunes de cet âge ont aussi rapporté un fort sentiment de solitude, ce qui pourrait expliquer le recours aux outils numériques. […]

Les connexions virtuelles ont eu un rôle de soutien social et semblent avoir permis de réduire l'impact de l'anxiété liée à la santé, surtout chez les personnes les plus isolées. Le sentiment de soutien social n'est d'ailleurs pas uniquement l'apanage des échanges vidéo ou téléphonique, la communication par texte semblant également être un bon moyen de se sentir soutenu lorsque les interactions physiques ne sont pas possibles. […]

Marie Danet, *The Conversation*, 21/04/2021

Document 4 :

« Quand les émoticônes s'imposent dans nos conversations numériques », https://www.bfmtv.com/replay-emissions/c-est-votre-vie/quand-les-emoticones-s-imposent-dans-nos-conversations-numeriques-22-02_VN-201702220096.html

ENTRAÎNEMENT AU DALF C2

Document 5 :

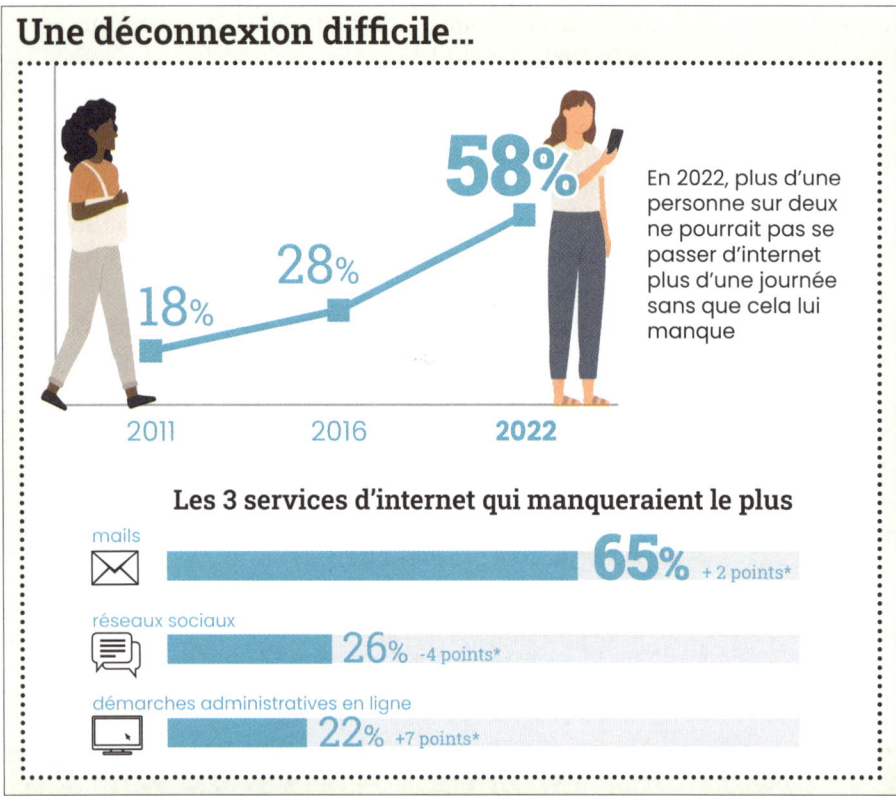

Baromètre du numérique, chiffres clés 2022, https://labo.societenumerique.gouv.fr/documents/13/230126-CREDOC-BARONUM.pdf

Document 6 :

« Le numérique favorise-t-il les liens sociaux ? », https://www.youtube.com/watch?v=BcCd9lkQLdl

Document 7 :

« Créer et maintenir des liens sociaux en contexte de pandémie »,
https://www.youtube.com/watch?v=4EMOvjItyMU

2 Production écrite

Choisissez un des deux sujets ci-dessous :

Sujet 1 : Vous êtes étudiant(e) en psychologie, vous écrivez un article pour le dossier « Lien social à l'heure du numérique » du journal de votre université. Vous reconnaissez que le numérique apporte des possibilités de communication et de liens personnels importants, aussi bien des conversations intimes que publiques. Cependant, l'omniprésence du numérique diminue la concentration dans les relations en présentiel, et semble même bloquer la possibilité des rencontres réelles, freiner les personnes à aborder quelqu'un d'inconnu hors du monde virtuel. Il vous semble que se développe un isolement des personnes, un rapport à l'autre méfiant ou intimidé dans la sphère réelle.

Sujet 2 : Vous êtes youtubeur ou youtubeuse et vous écrivez un article pour le dossier « Lien social à l'heure du numérique » d'un magazine en ligne. Certes, la communication en ligne est démunie de présence physique et ne peut remplacer la conversation en présentiel. Pourtant, les communications en ligne vous semblent renouveler l'art de la conversation. Cela apporte une nouvelle manière de rencontrer l'autre, et un lien fort, structuré différemment, peut s'y tisser. Il s'agit d'un nouveau paradigme, qui s'inscrit cependant réellement dans les relations humaines.

En vous appuyant sur les documents du dossier, vous rédigez un texte structuré, dans lequel vous développez vos arguments personnels, en adéquation avec le sujet que vous avez choisi. Dans votre texte, vous devrez prendre clairement position et proposer des solutions concrète, dans un style approprié au sujet choisi et convaincant.

Votre texte devra faire 700 mots minimum.

L'utilisation de dictionnaires monolingues français / français est autorisé.

CONJUGAISON

LES AUXILIAIRES

avoir

Le présent		Le passé			L'infinitif
présent	passé composé	imparfait	plus-que-parfait	passé simple	infinitif présent
j'ai	j'ai eu	j'avais	j'avais eu	j'eus	avoir
tu as	tu as eu	tu avais	tu avais eu	tu eus	
il/elle a	il/elle a eu	il/elle avait	il/elle avait eu	il/elle eut	infinitif passé
nous avons	nous avons eu	nous avions	nous avions eu	nous eûmes	
vous avez	vous avez eu	vous aviez	vous aviez eu	vous eûtes	avoir eu
ils/elles ont	ils/elles ont eu	ils/elles avaient	ils/elles avaient eu	ils/elles eurent	

Le futur		Le conditionnel		Le subjonctif		
futur	futur antérieur	conditionnel présent	conditionnel passé	subjonctif présent	subjonctif passé	subjonctif plus-que-parfait
j'aurai	j'aurai eu	j'aurais	j'aurais eu	que j'aie	que j'aie eu	que j'eusse eu
tu auras	tu auras eu	tu aurais	tu aurais eu	que tu aies	que tu aies eu	que tu eusses eu
il/elle aura	il/elle aura eu	il/elle aurait	il/elle aurait eu	qu'il/elle ait	qu'il/elle ait eu	qu'il/elle eût eu
nous aurons	nous aurons eu	nous aurions	nous aurions eu	que nous ayons	que nous ayons eu	que nous eussions eu
vous aurez	vous aurez eu	vous auriez	vous auriez eu	que vous ayez	que vous ayez eu	que vous eussiez eu
ils/elles auront	ils/elles auront eu	ils/elles auraient	ils/elles auraient eu	qu'ils/elles aient	qu'ils/elles aient eu	qu'ils/elles eussent eu

être

Le présent		Le passé			L'infinitif
présent	passé composé	imparfait	plus-que-parfait	passé simple	infinitif présent
je suis	j'ai été	j'étais	j'avais été	je fus	être
tu es	tu as été	tu étais	tu avais été	tu fus	
il/elle est	il/elle a été	il/elle était	il/elle avait été	il/elle fut	infinitif passé
nous sommes	nous avons été	nous étions	nous avions été	nous fûmes	
vous êtes	vous avez été	vous étiez	vous aviez été	vous fûtes	avoir été
ils/elles sont	ils/elles ont été	ils/elles étaient	ils/elles avaient été	ils/elles furent	

Le futur		Le conditionnel		Le subjonctif		
futur	futur antérieur	conditionnel présent	conditionnel passé	subjonctif présent	subjonctif passé	subjonctif plus-que-parfait
je serai	j'aurai été	je serais	j'aurais été	que je sois	que j'aie été	que j'eusse été
tu seras	tu auras été	tu serais	tu aurais été	que tu sois	que tu aies été	que tu eusses été
il/elle sera	il/elle aura été	il/elle serait	il/elle aurait été	qu'il/elle soit	qu'il/elle ait été	qu'il/elle eût été
nous serons	nous aurons été	nous serions	nous aurions été	que nous soyons	que nous ayons été	que nous eussions été
vous serez	vous aurez été	vous seriez	vous auriez été	que vous soyez	que vous ayez été	que vous eussiez été
ils/elles seront	ils/elles auront été	ils/elles seraient	ils/elles auraient été	qu'ils/elles soient	qu'ils/elles aient été	qu'ils/elles eussent été

LES VERBES RÉGULIERS

Parler (1er groupe)

Le présent		Le passé			L'infinitif
présent	passé composé	imparfait	plus-que-parfait	passé simple	infinitif présent
je parle	j'ai parlé	je parlais	j'avais parlé	je parlai	parler
tu parles	tu as parlé	tu parlais	tu avais parlé	tu parlas	
il/elle parle	il/elle a parlé	il/elle parlait	il/elle avait parlé	il/elle parla	infinitif passé
nous parlons	nous avons parlé	nous parlions	nous avions parlé	nous parlâmes	
vous parlez	vous avez parlé	vous parliez	vous aviez parlé	vous parlâtes	avoir parlé
ils/elles parlent	ils/elles ont parlé	ils/elles parlaient	ils/elles avaient parlé	ils/elles parlèrent	

Le futur		Le conditionnel		Le subjonctif		
futur	futur antérieur	conditionnel présent	conditionnel passé	subjonctif présent	subjonctif passé	subjonctif plus-que-parfait
je parlerai	j'aurai parlé	je parlerais	j'aurais parlé	que je parle	que j'aie parlé	que j'eusse parlé
tu parleras	tu auras parlé	tu parlerais	tu aurais parlé	que tu parles	que tu aies parlé	que tu eusses parlé
il/elle parlera	il/elle aura parlé	il/elle parlerait	il/elle aurait parlé	qu'il/elle parle	qu'il/elle ait parlé	qu'il/elle eût parlé
nous parlerons	nous aurons parlé	nous parlerions	nous aurions parlé	que nous parlions	que nous ayons parlé	que nous eussions parlé
vous parlerez	vous aurez parlé	vous parleriez	vous auriez parlé	que vous parliez	que vous ayez parlé	que vous eussiez parlé
ils/elles parleront	ils/elles auront parlé	ils/elles parleraient	ils/elles auraient parlé	qu'ils/elles parlent	qu'ils/elles aient parlé	qu'ils/elles eussent parlé

Finir (2ᵉ groupe)

Le présent	Le passé				L'infinitif
présent	passé composé	imparfait	plus-que-parfait	passé simple	infinitif présent
je finis	j'ai fini	je finissais	j'avais fini	je finis	finir
tu finis	tu as fini	tu finissais	tu avais fini	tu finis	
il/elle finit	il/elle a fini	il/elle finissait	il/elle avait fini	il/elle finit	infinitif passé
nous finissons	nous avons fini	nous finissions	nous avions fini	nous finîmes	avoir fini
vous finissez	vous avez fini	vous finissiez	vous aviez fini	vous finîtes	
ils/elles finissent	ils/elles ont fini	ils/elles finissaient	ils/elles avaient fini	ils/elles finirent	

Le futur		Le conditionnel		Le subjonctif		
futur	futur antérieur	conditionnel présent	conditionnel passé	subjonctif présent	subjonctif passé	subjonctif plus-que-parfait
je finirai	j'aurai fini	je finirais	j'aurais fini	que je finisse	que j'aie fini	que j'eusse fini
tu finiras	tu auras fini	tu finirais	tu aurais fini	que tu finisses	que tu aies fini	que tu eusses fini
il/elle finira	il/elle aura fini	il/elle finirait	il/elle aurait fini	qu'il/elle finisse	qu'il/elle ait fini	qu'il/elle eût fini
nous finirons	nous aurons fini	nous finirions	nous aurions fini	que nous finissions	que nous ayons fini	que nous eussions fini
vous finirez	vous aurez fini	vous finiriez	vous auriez fini	que vous finissiez	que vous ayez fini	que vous eussiez fini
ils/elles finiront	ils/elles auront fini	ils/elles finiraient	ils/elles auraient fini	qu'ils/elles finissent	qu'ils/elles aient fini	qu'ils/elles eussent fini

LES VERBES IRRÉGULIERS

Verbes terminés en -ir

partir

présent	passé composé	imparfait	futur	conditionnel présent	subjonctif présent
je pars nous partons	je suis parti(e)	je partais	je partirai	je partirais	que je parte

infinitif passé	passé simple	plus-que-parfait	futur antérieur	conditionnel passé	subjonctif passé
être parti(e)	je partis	j'étais parti(e)	je serai parti(e)	je serais parti(e)	que je sois parti(e)

venir

présent	passé composé	imparfait	futur	conditionnel présent	subjonctif présent
je viens nous venons ils/elles viennent	je suis venu(e)	je venais	je viendrai	je viendrais	que je vienne que nous venions

infinitif passé	passé simple	plus-que-parfait	futur antérieur	conditionnel passé	subjonctif passé	subjonctif plus-que-parfait
être venu(e)	je vins	j'étais venu(e)	je serai venu(e)	je serais venu(e)	que je sois venu(e)	que je fusse venu(e)

Verbes terminés en -oir

devoir

présent	passé composé	imparfait	futur	conditionnel présent	subjonctif présent
je dois nous devons ils/elles doivent	j'ai dû	je devais	je devrai	je devrais	que je doive que nous devions

infinitif passé	passé simple	plus-que-parfait	futur antérieur	conditionnel passé	subjonctif passé	subjonctif plus-que-parfait
avoir dû	je dus	j'avais dû	j'aurai dû	j'aurais dû	que j'aie dû	que j'eusse dû

falloir

présent	passé composé	imparfait	futur	conditionnel présent	subjonctif présent
il faut	il a fallu	il fallait	il faudra	il faudrait	qu'il faille

infinitif passé	passé simple	plus-que-parfait	futur antérieur	conditionnel passé	subjonctif passé	subjonctif plus-que-parfait
/	il fallut	il avait fallu	il aura fallu	il aurait fallu	qu'il ait fallu	qu'il eût fallu

pouvoir

présent	passé composé	imparfait	futur	conditionnel présent	subjonctif présent
je peux nous pouvons ils/elles peuvent	j'ai pu	je pouvais	je pourrai	je pourrais	que je puisse

infinitif passé	passé simple	plus-que-parfait	futur antérieur	conditionnel passé	subjonctif passé	subjonctif plus-que-parfait
avoir pu	je pus	j'avais pu	j'aurai pu	j'aurais pu	que j'aie pu	que j'eusse pu

CONJUGAISON

	présent	passé composé	imparfait	futur	conditionnel présent	subjonctif présent	
recevoir	je reçois nous recevons ils/elles reçoivent	j'ai reçu	je recevais	je recevrai	je recevrais	que je reçoive que nous recevions	
	infinitif passé	passé simple	plus-que-parfait	futur antérieur	conditionnel passé	subjonctif passé	subjonctif plus-que-parfait
	avoir reçu	je reçus	j'avais reçu	j'aurai reçu	j'aurais reçu	que j'aie reçu	que j'eusse reçu
	présent	passé composé	imparfait	futur	conditionnel présent	subjonctif présent	
savoir	je sais nous savons	j'ai su	je savais	je saurai	je saurais	que je sache	
	infinitif passé	passé simple	plus-que-parfait	futur antérieur	conditionnel passé	subjonctif passé	subjonctif plus-que-parfait
	avoir su	je sus	j'avais su	j'aurai su	j'aurais su	que j'aie su	que j'eusse su
	présent	passé composé	imparfait	futur	conditionnel présent	subjonctif présent	
voir	je vois nous voyons ils/elles voient	j'ai vu	je voyais	je verrai	je verrais	que je voie que nous voyions	
	infinitif passé	passé simple	plus-que-parfait	futur antérieur	conditionnel passé	subjonctif passé	subjonctif plus-que-parfait
	avoir vu	je vis	j'avais vu	j'aurai vu	j'aurais vu	que j'aie vu	que j'eusse vu
	présent	passé composé	imparfait	futur	conditionnel présent	subjonctif présent	
vouloir	je veux nous voulons ils/elles veulent	j'ai voulu	je voulais	je voudrai	je voudrais	que je veuille que nous voulions	
	infinitif passé	passé simple	plus-que-parfait	futur antérieur	conditionnel passé	subjonctif passé	subjonctif plus-que-parfait
	avoir voulu	je voulus	j'avais voulu	j'aurai voulu	j'aurais voulu	que j'aie voulu	que j'eusse voulu

Verbes irréguliers terminés en -re

	présent	passé composé	imparfait	futur	conditionnel présent	subjonctif présent	
attendre	j'attends	j'ai attendu	j'attendais	j'attendrai	j'attendrais	que j'attende	
	infinitif passé	passé simple	plus-que-parfait	futur antérieur	conditionnel passé	subjonctif passé	subjonctif plus-que-parfait
	avoir attendu	j'attendis	j'avais attendu	j'aurai attendu	j'aurais attendu	que j'aie attendu	que j'eusse attendu
	présent	passé composé	imparfait	futur	conditionnel présent	subjonctif présent	
connaître	je connais nous connaissons	j'ai connu	je connaissais	je connaîtrai	je connaîtrais	que je connaisse	
	infinitif passé	passé simple	plus-que-parfait	futur antérieur	conditionnel passé	subjonctif passé	subjonctif plus-que-parfait
	avoir connu	je connus	j'avais connu	j'aurai connu	j'aurais connu	que j'aie connu	que j'eusse connu
	présent	passé composé	imparfait	futur	conditionnel présent	subjonctif présent	
croire	je crois nous croyons ils/elles croient	j'ai cru	je croyais	je croirai	je croirais	que je croie que nous croyions	
	infinitif passé	passé simple	plus-que-parfait	futur antérieur	conditionnel passé	subjonctif passé	subjonctif plus-que-parfait
	avoir cru	je crus	j'avais cru	j'aurai cru	j'aurais cru	que j'aie cru	que j'eusse cru
	présent	passé composé	imparfait	futur	conditionnel présent	subjonctif présent	
dire	je dis nous disons vous dites	j'ai dit	je disais	je dirai	je dirais	que je dise	
	infinitif passé	passé simple	plus-que-parfait	futur antérieur	conditionnel passé	subjonctif passé	subjonctif plus-que-parfait
	avoir dit	je dis	j'avais dit	j'aurai dit	j'aurais dit	que j'aie dit	que j'eusse dit

	présent	passé composé	imparfait	futur	conditionnel présent	subjonctif présent	
écrire	j'écris nous écrivons	j'ai écrit	j'écrivais	j'écrirai	j'écrirais	que j'écrive	
	infinitif passé	passé simple	plus-que-parfait	futur antérieur	conditionnel passé	subjonctif passé	subjonctif plus-que-parfait
	avoir écrit	j'écrivis	j'avais écrit	j'aurai écrit	j'aurais écrit	que j'aie écrit	que j'eusse écrit
	présent	passé composé	imparfait	futur	conditionnel présent	subjonctif présent	
faire	je fais nous faisons vous faites ils/elles font	j'ai fait	je faisais	je ferai	je ferais	que je fasse	
	infinitif passé	passé simple	plus-que-parfait	futur antérieur	conditionnel passé	subjonctif passé	subjonctif plus-que-parfait
	avoir fait	je fis	j'avais fait	j'aurai fait	j'aurais fait	que j'aie fait	que j'eusse fait
	présent	passé composé	imparfait	futur	conditionnel présent	subjonctif présent	
mettre	je mets	j'ai mis	je mettais	je mettrai	je mettrais	que je mette	
	infinitif passé	passé simple	plus-que-parfait	futur antérieur	conditionnel passé	subjonctif passé	subjonctif plus-que-parfait
	avoir mis	je mis	j'avais mis	j'aurai mis	j'aurais mis	que j'aie mis	que j'eusse mis
	présent	passé composé	imparfait	futur	conditionnel présent	subjonctif présent	
prendre	je prends nous prenons ils/elles prennent	j'ai pris	je prenais	je prendrai	je prendrais	que je prenne que nous prenions	
	infinitif passé	passé simple	plus-que-parfait	futur antérieur	conditionnel passé	subjonctif passé	subjonctif plus-que-parfait
	avoir pris	je pris	j'avais pris	j'aurai pris	j'aurais pris	que j'aie pris	que j'eusse pris

	présent	passé composé	imparfait	futur	conditionnel présent	subjonctif présent	
aller	je vais tu vas nous allons ils/elles vont	je suis allé(e)	j'allais	j'irai	j'irais	que j'aille que nous allions	
	infinitif passé	passé simple	plus-que-parfait	futur antérieur	conditionnel passé	subjonctif passé	subjonctif plus-que-parfait
	être allé(e)	j'allai	j'étais allé(e)	je serai allé(e)	je serais allé(e)	que je sois allé(e)	que je fusse allé(e)
	présent	passé composé	imparfait	futur	conditionnel présent	subjonctif présent	
appeler	j'appelle nous appelons ils/elles appellent	j'ai appelé	j'appelais	j'appellerai	j'appellerais	que j'appelle que nous appelions	
	infinitif passé	passé simple	plus-que-parfait	futur antérieur	conditionnel passé	subjonctif passé	subjonctif plus-que-parfait
	avoir appelé	j'appelai	j'avais appelé	j'aurai appelé	j'aurais appelé	que j'aie appelé	que j'eusse appelé
	présent	passé composé	imparfait	futur	conditionnel présent	subjonctif présent	
envoyer	j'envoie nous envoyons ils/elles envoient	j'ai envoyé	j'envoyais	j'enverrai	j'enverrais	que j'envoie que nous envoyions	
	infinitif passé	passé simple	plus-que-parfait	futur antérieur	conditionnel passé	subjonctif passé	subjonctif plus-que-parfait
	avoir envoyé	j'envoyai	j'avais envoyé	j'aurai envoyé	j'aurais envoyé	que j'aie envoyé	que j'eusse envoyé

N° éditeur : 10309923 - contact@cle-inter.com

Achevé d'imprimer en Mai 2025 par Vincenzo Bona S.p.A. à Turin en Italie